Aprendiendo a amar

JOSÉ BRAGE TUÑÓN

Aprendiendo a amar

EDICIONES RIALP

MADRID

Preimpresión: www.produccioneditorial.com

ISBN (edición impresa): 978-84-321-6773-7
ISBN (edición digital): 978-84-321-6774-4
Depósito legal: M-9714-2024

Impreso en España   *Printed in Spain*
Anzos, S. L. - Fuenlabrada (Madrid)

A mis padres, hermanos, abuelos,
tíos, primos y amigos,
a mi «tribu», en definitiva,
gracias por enseñarme algo que
jamás habría aprendido yo solo: a amar.

ÍNDICE

INTRODUCCIÓN

Poco tiempo después de ordenarme sacerdote, una de mis tías me dio este consejo: «Tienes que hablar mucho de aprender a amar, porque amar es lo más importante de la vida y, sin embargo, no se nace sabiendo. Yo, después de casarme, tuve que aprenderlo, porque nadie me lo había enseñado».

Al escucharla, me vino a la cabeza una novela de William Saroyan que había leído poco antes. La trama sucede durante la Segunda Guerra Mundial. Jackson, el protagonista, es escritor y soldado, y buen amigo de Víctor, a quien ha conocido durante el adiestramiento inicial en Ohio. Ya en Londres, durante una conversación en un bar poco antes de ser destinado al frente, Víctor, que tiene una novia con la que desea casarse, pide a Jackson: «Escribe sobre el amor. El amor es lo más importante. Díselo a la gente una y otra vez: "te quiero". Por el amor de Dios, Jackson, díselo. Háblales del amor. No hables de nada más. Cuéntales la historia del amor. Es la única historia que merece la pena. El dinero no vale nada, el crimen no vale nada. La guerra no vale nada, nada vale nada, lo único que cuenta es el amor. Háblales de él»[1]. Un poco más adelante en el libro, el padre de Jackson, ya mayor y

[1] Saroyan, W., *Las aventuras de Wesley Jackson*, Acantilado, Barcelona 2006, p. 218.

con la cabeza medio ida, le anuncia una visita al campo de adiestramiento, porque tiene «algo importante que decirle». Pero, una vez allí, el pobre hombre no recuerda qué era, y regresa a su casa. Al poco tiempo, Jackson recibe una carta de su padre, en la que le escribe: «Me acabo de levantar en mitad de la noche, porque ahora recuerdo lo que prometí contarte cuando llegara el momento, pero no lograba recordar en Ohio. Es lo siguiente: "No hay verdad, ni belleza, ni bien, ni cielo, ni Dios sin amor". Ahora volveré a dormirme»[2]. Eso era todo.

Esta idea, omnipresente en la literatura occidental, es de matriz cristiana. La historia del amor es la única que merece la pena. Sobre todo, la historia del amor de Dios con los hombres, no solo, en general, como humanidad, sino con cada ser humano, contigo y conmigo. Pero también mi propia historia de amor, lo que he amado en esta vida y a quién he amado en esta vida. Es lo único que atravesará la muerte y me acompañará por toda la eternidad. Al final, es lo único que cuenta.

Pero amar, ya lo decía mi tía, no es fácil, nadie nace sabiendo, y hay que aprenderlo. Lo aprendemos en primer lugar y sobre todo en nuestra familia más cercana: nuestros padres y hermanos. Pero también de la «tribu»: abuelos, tíos y primos, etc. Lo aprendemos de nuestros amigos y compañeros. Lo aprendemos —¡y de qué manera tan dolorosa a veces!— en el noviazgo o el matrimonio. Lo aprendemos de los hijos, sobrinos y nietos: «El mejor olor es el del pan; el mejor sabor, el de la sal; el mejor amor, el de los niños». Lo aprendemos de los santos. Pero sobre todo lo

---

[2] *Ibidem*, p. 338.

aprendemos de Dios, que **«es Amor»** (1 Jn 4, 16), hecho hombre en Jesucristo.

Este libro lleva por título *Aprendiendo a amar*: no es un tratado sobre el amor (sería ridículo tan siquiera pensarlo, dada su breve extensión), pretende tan solo meditar sobre unos pocos elementos del amor, de manera que podamos más fácilmente dar respuesta al anhelo que todos tenemos de amar y ser amados. En una ocasión, Graham Greene describió así a uno de sus personajes: «Una figura de odio portadora de un secreto de amor»[3]. Así de contradictorios podemos ser en algunas ocasiones. Damos la impresión de ser duros y arrogantes, independientes y autónomos, incluso algo distantes, pero, en el fondo, en lo secreto, añoramos que nos quieran, todo nuestro ser anhela amar.

Pues bien, espero que este libro sea una ayuda para colmar ese anhelo, para aprender a amar. Tenemos para ello un Maestro insuperable: Jesucristo, que es **«el Camino, la Verdad y la Vida»** (Jn 14, 6). Él viene a enseñarnos cómo vivir, cómo amar, como ser felices en esta vida y en la otra.

A amar no se aprende con teorías, sino rozándose con personas amorosas y, especialmente, con esas Tres Personas que son «una roca de Amor»[4]. Por eso, este es un libro para hacer oración y no un tratado sobre el amor. Es un libro para contemplar el amor de Dios Padre por nosotros, enamorarnos de Jesucristo que **«me amó y se entregó así mismo por mí»** (Gal 2, 20) y,

---

[3] GREENE, G., *El poder y la gloria*, Círculo de lectores, Barcelona 1959, p.67.

[4] Tomo esta idea de mi buen amigo, el sacerdote D. Luis Herrera.

con la ayuda del Espíritu Santo, aprender a amar como Él nos amó, con la profunda convicción de que solo en Jesucristo podemos aprender a que alturas de amor estamos llamados: «El misterio del hombre solo se esclarece en el misterio del Verbo encarnado»[5].

Precisamente porque es un libro para rezar, el lector encontrará de vez en cuando que el estilo del texto cambia a cursiva: cuando me dirijo en primera persona a Dios o a la Virgen, como una invitación a dirigirse personalmente, de tú a Tú, al Señor, y entrar de ese modo en oración. Por otra parte, las citas de la Sagrada Escritura van en negrita, para resaltar su importancia como Palabra de Dios.

---

[5] Concilio Vaticano II, Constitución apostólica *Gaudium et spes*, n.22.

1. CONFIANZA

«Tú no eres así»

Uno de los estados anímicos que más infelicidad causa en nuestras vidas se origina cuando el pájaro torvo de la desconfianza anida en el propio corazón. ¡Esas dudas sobre mi propia valía, la incertidumbre de si alguien me querrá como deseo, el temor a si lograré ser feliz! Se tiene entonces la sensación de no pisar suelo firme y se contempla al futuro con temor. El miedo nos impide vernos con realismo y juzgar con acierto nuestra situación. Crece la inseguridad y, no raras veces, nos arroja a la calle como mendigos desesperados en busca de afecto. Podemos, en esas circunstancias, hacer aquello que precisamente no querríamos hacer, para arrepentirnos casi inmediatamente: ¡no era eso lo que anhelábamos! Nos sentimos defraudados y engañados, y acabamos con una herida aún mayor en el corazón. Al dolor siguen la rabia, los celos y el resentimiento. En primer lugar, con uno mismo, pero también con los demás, por no entenderme ni tratarme con el amor que necesito, y con Dios, por haber hecho un mundo tan difícil. Y así empezamos desconfiando de nosotros mismos, seguimos desconfiando de los demás, y acabamos desconfiando de la bondad de Dios. Y sufrimos. Y hacemos sufrir. Porque sin confianza, no se puede amar. Y estamos hechos para amar.

Y desde fuera, Señor, uno se pregunta: ¿Cómo es posible que nos hagamos tanto daño? ¿Por qué nos pasa esto?

La respuesta la encontramos en las heridas afectivas que todos llevamos en nuestro interior[1], y que tienen su origen en nuestros errores y, también, en ciertas deficiencias de nuestra sociedad. Veamos algunas de ellas, porque todos somos «hijos de nuestro tiempo»:

- El individualismo feroz (egoísmo encubierto), que encierra en sí mismo y lleva a olvidar que amar es precisamente lo contrario: salir y darnos a los demás.

- La presión de las redes sociales, donde la búsqueda de *likes* puede llegar a ser obsesiva y hacernos perder contacto con la realidad de quiénes somos verdaderamente.

- La soledad, aun en medio de muchas personas, incluso en una familia, cuando no nos sentimos valorados y amados.

- Una educación hiperprotectora y permisivista, que da lugar a personalidades narcisistas, encerradas en la contemplación de sí mismas, que consideran siempre como insuficiente lo que reciben de los demás y están permanentemente insatisfechas, cayendo en el victimismo: «¡Nadie me hace caso!», «¡Todo lo malo me toca a mí!», «¡Soy un incomprendido!», etc.

- El divorcio y la falta de estabilidad familiar, que crea personas inseguras y con carencias afectivas.

---

[1] Tomo algunas ideas de este párrafo de «La evangelización de los jóvenes ante la emergencia afectiva», ponencia de Mons. D. José Ignacio Munilla Aguirre en el Congreso Nacional de Pastoral Juvenil de Valencia, 3 de noviembre de 2012.

- La consecuente crisis de autoridad y la falta de referentes morales creíbles.

- Las traiciones sufridas en la amistad, el noviazgo o el matrimonio.

La lista podría continuarse, pero lo importante es darnos cuenta de que todo esto mina nuestra confianza, porque encuentra un tejido ya debilitado por el pecado original, que fue, precisamente, un pecado de desconfianza. Porque ¿qué intenta sembrar la serpiente en el alma de la mujer, sino desconfianza?: «**¿Conque Dios os ha dicho que no comáis de ningún árbol del jardín?**» (Gen 3, 2). Y cuando Eva le explica que no es así, que solo les está vedado el árbol del bien y del mal, y por su propio bien, la serpiente la ataca de nuevo sembrando más desconfianza hacia Dios: **«No, no moriréis; es que Dios sabe que el día en que comáis de él, se os abrirán los ojos, y seréis como Dios en el conocimiento del bien y el mal»** (*ibidem*, 4-5). Eva acabará cediendo, atraída también por el atractivo del fruto, y comerán ella y Adán. Las consecuencias fueron terribles para ambos. Y desde entonces, todos llegamos al mundo marcados por esa desconfianza hacia Dios, hacia nosotros mismos y hacia los demás. Somos unos pobres hombres heridos por el pecado. El diablo se carcajea de nosotros, y Dios llora.

¿Qué hacer? ¿Cómo recuperar esa confianza perdida? ¿Cómo curar esa herida del corazón? ¿Cómo crecer en confianza? No es cuestión de estar seguro de las propias fuerzas. No. La confianza no se apoya en uno mismo. La herida se cura con un amor. La confianza brota cuando se percibe un cariño sincero y confiado por nosotros. Alguien que, a pesar de todas nuestras carencias y miserias, nos dice «te quiero». Porque no se puede dar amor, ni siquiera a uno mismo, si no se recibe primero. Y eso es lo que hace Dios con nosotros: **«Nosotros amamos, porque Él nos amó primero»** (1 Jn 4, 19). Mi vida es hermosa porque yo soy definitivamente amado por Dios, suceda lo que suceda[2]. Y, por eso, puedo tener confianza. Con aquel eslogan del expresidente norteamericano Obama, podemos decir: *«Yes, we can»*. Sí se puede confiar.

Todo el Evangelio, Señor, es una llamada a la confianza. A aquel paralítico que sus amigos descuelgan en una camilla delante de ti, lo primero que le dices es: **«Ten confianza, hijo»** (Mt 9, 2). Lo mismo que a aquella mujer que padecía flujo de sangre hacía doce años y tocó el borde de tu manto: **«Ten confianza, hija»** (Mt 9, 22)... En el sermón de la montaña nos animas a vivir confiados en la Providencia paternal de Dios, sin preocuparnos excesivamente por lo material: **«No estéis preocupados por vuestra vida: qué vais a comer; o por vuestro cuerpo: con qué os vais a vestir (...) Bien sabe vuestro Padre celestial que de todo eso estáis necesitados»** (Mt 6, 25 y 32). Y nos animas a considerar que, si Dios alimenta a los pajarillos y viste a los lirios del campo, **«¿cuánto más a vosotros, hombres de poca fe?»** (Mt 10, 30). Ni siquiera nuestros errores y pecados deben llevarnos a perder la confianza en Ti, si hay contrición. Y un buen ejemplo, Señor, lo tenemos en lo que hiciste con el buen ladrón. Bastó que reconociera su pecado: **«Nosotros estamos aquí justamente»** (Lc 23, 40), y te pidiera con sencillez: **«Jesús, acuérdate de mí cuando llegues a tu reino»**

---

[2] Cfr. Benedicto XVI, *Spes Salvi*, n. 3.

(*Ibidem*, 42), para que Tú atendieras inmediatamente su ruego, ¡y de qué manera!: «**En verdad te digo: hoy estarás conmigo en el Paraíso**» (*Ibidem*, 43). ¿Cómo no confiar en Ti?

Podemos confiar en el Señor. ¿No sientes cómo te lo dice Jesús ahora? «Ten confianza, hijo. Confía en mí, hija. No te preocupes. No sufras. ¿Acaso no estoy yo junto a ti? ¿Crees que te voy a abandonar cuando he dado mi vida por ti?». Tú y yo somos indestructibles, tenemos un amor que nos protege, y es para siempre, podemos tener confianza. Cuando estas ideas calan en el alma producen una sensación de bienestar en el corazón similar al agradable calorcillo que se siente un día de invierno, cuando el sol nos da en la espalda.

Maurice Baring[3], estando muy enfermo, con su cuerpo casi paralizado, escribió unos versos maravillosos en 1941, que son un canto de confianza en Dios Padre:

Mi cuerpo es un juguete roto.
Que nadie puede arreglar;
inútil para jugar o para tramar;
mi cuerpo es un juguete roto,
pero todas las cosas acaban.
El asedio de Troya
un día llegó a su fin.
Mi cuerpo es un juguete roto.
Que nadie puede arreglar.

---

[3] Maurice Baring, diplomático, periodista y escritor británico. Hijo del Barón Revelstoke, director del Banco de Inglaterra, estudió en Eton College y luego en el Trinity College, en Cambridge. Convertido al catolicismo en 1909, en su autobiografía señala que ingresar en la Iglesia católica «fue la única acción en mi vida de la cual estoy ciertamente seguro que nunca me arrepentí». Influyó mucho en la conversión de G. K. Chesterton, de quien fue gran amigo.

Mi alma es un juguete inmortal
que nadie es capaz de marchitar
un instrumento de gloria y alegría;
mi alma es un juguete inmortal.
Aunque oxidada por la impureza del mundo,
brilla como una estrella;
mi alma es un juguete inmortal
que nadie es capaz de marchitar[4].

Todos los santos han vivido en este abandono confiado en Dios Padre. San Josemaría, por ejemplo, en 1969 decía: «A lo largo de estos cuarenta y un años, he procurado vivir siempre la filiación divina, que nos ha conseguido Nuestro Señor Jesucristo. Y mi oración ante cualquier circunstancia ha sido siempre la misma: Señor, Tú me has puesto aquí, Tú me has confiado esto o lo otro. Resuelve Tú todo lo que sea necesario resolver, porque es tuyo y porque yo solo no tengo fuerzas. Sé que eres mi Padre, y he visto siempre que los pequeños, que los hijos, están seguros de sus padres: no tienen preocupaciones, ni siquiera saben que tienen problemas, porque sus padres se lo dan todo resuelto. Hijos míos, con esta firme confianza hemos de vivir y hemos de rezar siempre, porque es la única arma con que contamos y la única razón de nuestra esperanza»[5].

---

[4] "My body is a broken toy / Which nobody can mend / Unfit for either play or ploy / My body is a broken toy; / But all things end. / The seige of Troy / Came one day to an end. / My body is a broken toy / Which nobody can mend. / My soul is an immortal toy / Which nobody can mar, / An instrument of praise and joy; / My soul is an immortal toy; / Though rusted from the world's alloy / It glitters like a star; / My soul is an immortal toy / Which nobody can mar" (LOBAT, L.; *Maurice Baring: a postscript,* Hollis & Carter, Londres 1947, p. 15).

[5] ECHEVARRÍA, J., *Memoria del Beato Josemaría*, Rialp, Madrid 2000, p. 199.

Cuando enfrentamos los miedos de nuestra vida mirándolos cara a cara pero junto a Ti, Señor, se disipan como la nieve al sol. Así lo experimentó con particular fuerza san Pablo, que escribía a los romanos: **«Si Dios está con nosotros, ¿quién contra nosotros? (...) ¿Quién nos apartará del amor de Cristo? ¿La tribulación, o la angustia, o la persecución, o el hambre, o la desnudez, o el peligro, o la espada? (...)**

Pero en todas estas cosas vencemos con creces gracias a aquel que nos amó. Porque estoy convencido de que ni la muerte, ni la vida, ni los ángeles, ni los principados, ni las cosas presentes, ni las futuras, ni las potestades, ni la altura, ni la profundidad, ni cualquier otra criatura podrá separarnos del amor de Dios, que está en Cristo Jesús, Señor nuestro» (Rom 8, 31-39). Cada cristiano, no importa cuáles sean sus circunstancias de tiempo o lugar, en cualquier situación, puede decir esto en primera persona, con tal que permanezca unido a Jesucristo por el amor. Por eso es tan importante en nuestra vida levantar el corazón a Dios en la oración, la Santa Misa y la Confesión frecuentes. Como el móvil que se enchufa para recargar la batería, así siento yo crecer mi confianza al conectarme a Ti, Jesús, en la oración y los sacramentos. No te cansas jamás de darme una nueva oportunidad, Tú haces nuevas todas las cosas (cfr. Apc 21, 5).

Eres valioso porque Dios te ama. Y vales lo que vales a los ojos de Dios: tanto como para derramar toda su sangre por amor a ti en la Cruz. Ese es tu valor: la preciosísima Sangre de Cristo. No te tases por menos. ¡Cómo se entienden esas palabras tuyas, Jesús, a la

samaritana: «**Si conocieras el don de Dios**» (Jn 4, 10)!
Si yo conociera a fondo, Señor, con mi mente y con mi
corazón, con todo mi ser, ese don de tu amor por mí, no
habría pena que pudiera arrancarme la serena alegría
del corazón, no habría revés que pudiera llenarme
el alma de incertidumbre, no habría decepción que
pudiera anegar en amargura mi día, no crecería jamás
en mi la desconfianza.

La desconfianza es un pecado contra el primer
mandamiento: «**Amarás al Señor tu Dios con todo
tu corazón y con toda tu alma y con toda tu mente**»
(Mt 22, 37). Quien ama así a Dios no desconfía de su
Amor y, por tanto, tampoco de su propia valía.

Cuando tenemos confianza, damos confianza. Cuando
nos amamos como Dios nos ama, amamos a los demás.
El primer mandamiento se continúa con el segundo:
«**Y a tu prójimo como a ti mismo**» (*Ibidem*, 39). Quien
otorga confianza, recibe fidelidad y amor, y hace mejor
a aquel que ama. Es algo divino. Por eso, si quieres que
alguien confíe en Dios, empieza tú por confiar en Él.
Como hace Dios contigo.

Hay un pasaje de la maravillosa novela *La comedia
humana*, de William Saroyan, que nos puede servir
para entender cómo Dios confía en nosotros, y
cómo esa confianza nos hace mejores. La acción
transcurre en una oficina de telégrafos de un pueblo
norteamericano llamado, con toda intención, Ithaca,
durante los años de la Segunda Guerra Mundial. El
protagonista es un chico llamado, de nuevo con toda
intención, Homer, que trabaja de repartidor en esa
oficina. Uno de los primeros capítulos del libro se titula
En la oficina de telégrafos, y dice así:

Ya estaba anocheciendo en Ithaca cuando Homer se paró delante de la oficina de telégrafos. El reloj del escaparate marcaba las siete y dos minutos. Dentro de la oficina Homer vio que el señor Spangler, el director de la oficina de telégrafos, estaba contando las palabras de un telegrama que acababa de traerle un joven de unos veinte años con aspecto cansado y atribulado. Mientras entraba en la oficina, Homer pudo escuchar lo que estaban diciendo el señor Spangler y el joven.

—Catorce palabras a cobro revertido —dijo Spangler.

—¿Cuánto tardará el telegrama en llegar a mi madre? —dijo el chico.

—Bueno, ya es muy tarde en el este. A veces no es fácil conseguir dinero por las noches, pero yo enviaré el telegrama enseguida. —Sin volver a mirar al chico, Spangler se hurgó los bolsillos, sacó un puñado de monedas pequeñas, un billete y un huevo duro—. Ten —dijo—. Por si acaso. —Le dio el billete al chico—. Ya me lo devolverás cuando te envíe el dinero tu madre. —Señaló el huevo—. Lo cogí en un bar hace siete días. Me trae suerte.

El chico miró el dinero asombrado.

—Gracias —dijo, y salió a toda prisa de la oficina.

Spangler le llevó el telegrama a William Grogan, el telegrafista del turno de noche y jefe de cables.

—Envíalo pagado, Willie. Ya lo pago yo.

El señor Grogan puso la mano sobre el puntero del telégrafo y empezó a transmitir el telegrama en código morse, letra a letra:

SRA. MARGARET STRICKMAN
1874 BIDDLE STREET
YORK, PENSILVANIA
QUERIDA MADRE: POR FAVOR; MANDA GIRO POR TREINTA DÓLARES. QUIERO IR A CASA. ESTOY BIEN. TODO VA BIEN.
JOHN

El libro avanza con distintas historias, y no volvemos a tener noticias de este joven, hasta que aproximadamente a la mitad, reaparece en el capítulo titulado «El atracador»:

Había un joven que llevaba tres o cuatro minutos pasando una y otra vez por delante de la oficina y mirando el interior. Por fin entró y fue al mostrador. Spangler lo vio y salió a atenderlo.

—¿Cómo estás? —dijo Spangler, recordando al joven—. Pensaba que ya estarías a medio camino de Pensylvania. Tu madre te envió el dinero. No hacía falta que volvieras a pagarme.

—No he vuelto a pagarle —dijo el joven—. He venido a por más, y tampoco he venido a mendigarlo. He venido a *cogerlo*.

—Pero ¿qué te pasa? —dijo Spangler.

—Esto es lo que me pasa —dijo el joven. Sacó un revólver del bolsillo derecho del abrigo y lo sostuvo con mano temblorosa. (...) Vamos. Deme todo el dinero que tenga en este sitio. Todo el mundo está matando a todo el mundo, así que no me importa matarlo a usted. Ni tampoco me importa que *me maten*. Estoy nervioso y no quiero problemas, así que deme todo el dinero y dese prisa.

Spangler abrió el cajón y sacó el dinero de los diversos compartimentos. Colocó el dinero, billetes, paquetes de monedas y monedas sueltas, sobre el mostrador, delante del chico.

—Te daría el dinero de todos modos —dijo Spangler—, pero no porque me estés apuntando con un arma. Te lo daría porque lo necesitas. Ten. Este es todo el dinero que hay. Cógelo y luego coge un tren a casa. Vuelve con los tuyos. Yo no informaré del robo. Pondré el dinero de mi bolsillo. Aquí hay unos setenta y cinco dólares.

Esperó a que el chico cogiera el dinero pero el chico no lo tocó.

—Lo digo en serio —dijo Spangler—. Coge el dinero y vete. Lo necesitas. No eres ningún criminal y no estás tan enfermo como para no poder curarte. Tu madre te está esperando. Este dinero es un regalo que yo le hago. Si lo coges no serás un ladrón. Tú coge el dinero, guarda esa arma y vete a casa. *Tira el arma* en alguna parte, así te sentirás mejor.

El joven volvió a guardarse el arma en el bolsillo del abrigo. Luego se tapó la boca con la mano temblorosa que había estado sosteniendo con el arma.

—Lo que tendría que hacer es pegarme un tiro —dijo.

—No digas locuras —dijo Spangler. Juntó todo el dinero y se lo dio al joven—. Ten. Aquí está todo el dinero que hay. Cógelo, vete a casa y ya está. Si quieres, deja el arma aquí conmigo. Ten tu dinero. Si necesitas usar un arma para conseguir dinero, entonces es *tuyo*. Sé cómo te sientes porque yo me he sentido igual. Todos nos hemos sentido igual. Los cementerios y las prisiones están llenos de buenos chicos norteamericanos que han tenido mala suerte y han vivido malas épocas. No son criminales. Ten —dijo con amabilidad—. Coge este dinero y vete a casa.

El joven se sacó el arma del bolsillo y se la pasó por encima del mostrador a Spangler, que la metió en el cajón del dinero.

—No sé quién es usted —dijo—, pero nadie me ha hablado nunca como lo ha hecho usted. No quiero el arma y no quiero el dinero, y sí, me voy a casa. Vine hasta aquí gorreando el dinero y volveré gorreando. —Tosió un momento y luego dijo: —No sé de dónde ha sacado mi madre los treinta dólares. Sé que no le sobra el dinero. Una parte del dinero me lo he gastado en bebida, otra parte me la he jugado y...

—Ven aquí y siéntate —dijo Spangler.

(Se inicia una conversación en la que Spangler se interesa por el chico, su enfermedad —tuberculosis—, sus desencantos, sus intereses, y le anima. Al final el chico se lo agradece):

—No puedo darle las gracias lo bastante por lo que ha hecho usted y por la clase de ser humano que es, pero tengo que decirle que si usted me hubiera tenido miedo o hubiera sido hostil le hubiera pegado un tiro. Ahora sé que no he entrado aquí armado en busca de *dinero*. No sé si me entenderá usted, pero he entrado aquí con un arma para averiguar de una vez por todas si el único hombre del mundo que he conocido alguna vez que ha sido decente con otro hombre por el mero hecho de serlo, porque era un hombre decente, lo era *de verdad*. He entrado para asegurarme de que no fuera un accidente. No me podía creer que alguien fuera decente de verdad porque eso invalidaba mis sentimientos hacia todo y hacia todo el mundo, la idea que he tenido desde hace tanto tiempo de que la especie humana es incorregible y corrupta, de que no hay en todo el mundo un solo hombre merecedor del respeto de otro hombre. (...) Llevo años diciéndome: «Quiero conocer a un solo hombre no corrompido por el mundo para poder estar *yo también* no corrompido, y así poder vivir y creer». No estaba seguro la primera vez que nos vimos pero ahora sí. (...) No me puede dar nada más. Yo sé que usted me entiende. Cuando me levante será para decir adiós. No tiene que preocuparse por mí. Me voy a mi casa con los míos. Esta enfermedad no me va a matar. Voy a vivir. Y ahora voy *a saber vivir*. —El joven permaneció un momento con la cabeza gacha. Luego se puso en pie lentamente y miró a Spangler—. Muchas gracias —dijo.

Spangler lo vio salir de la oficina. Fue al cajón de la recaudación y devolvió el dinero a su sitio. Cogió el revólver del joven y lo descargó. Volvió a meter el revólver en el cajón y se guardó los cartuchos en el bolsillo del abrigo. Luego fue al estante metálico donde estaban los telegramas de cada día recogidos en fajos. En uno de los fajos encontró el telegrama que el chico había mandado a su madre. Cogió un telegrama en blanco y empezó a escribir un mensaje:

SRA. MARGARET STRICKMAN
1874 BIDDLE STREET
YORK, PENSYLVANIA
QUERIDA MADRE: GRACIAS POR EL DINERO. LLEGARÉ A CASA PRONTO. TODO ESTÁ BIEN.

Leyó el texto del telegrama y decidió cambiar «está bien» por «anda bien». Luego recordó un momento al joven y añadió: «Te quiere, John»"[6].

Esto es lo que hace Dios con nosotros, una y otra vez. Aunque dilapidemos sus dones. Nos dice: «Tú no eres así». Dios confía en nosotros, y nos da una nueva oportunidad. Y, al hacerlo, infunde en nosotros la confianza en nuestra capacidad de amar y llevar una buena vida que merezca la pena, como le ocurrió al joven atracador. En el fondo, es la vieja y eterna historia del hijo pródigo. ¿Cómo no voy yo, Señor, a intentar hacer lo mismo con los que me rodean? ¿Cómo no voy a intentar, con mi confianza, sacar lo mejor que hay dentro de cada uno? ¿Cómo no voy a mostrar amor desinteresado, amor puro, confiado? Ya lo decía san Juan: **«El que teme no es perfecto en el amor»** (1 Jn 4, 18). Por eso los celos, que no son más que una forma de desconfianza, hacen tanto daño al amor.

Recuerdo haber escuchado a un antiguo residente del colegio mayor donde era capellán hace años la siguiente historia: al acabar la carrera de Derecho,

---

[6] SAROYAN, W., *La comedia humana*, Acantilado, Barcelona 2004, pp. 12-13 y 107-113.

comenzó a preparar notarías. Después de suspender las oposiciones un par de veces decidió dejarlas, casarse y ponerse a trabajar como pasante en una notaría. Un día, cuando ya tenían un par de niños pequeños, su mujer, médico, le dijo: «Oye, tú vales para más. ¿Por qué no dejas el trabajo, vivimos de mi sueldo una temporada mientras estudias, y vuelves a presentarte a notarías? Estoy segura de que las sacarás». Lo hizo... y las sacó. Eso es confianza. Saca lo mejor de las personas.

Confianza es también perdonar. Dar una nueva oportunidad. No encerrarse en uno mismo. Fomentar clima de respeto, sin críticas. No temer al prójimo. Mirarle con ojos limpios. A eso se refería Stefan Zweig cuando escribía: «Habría que tener unos ojos así, azules, espejeantes, animados por una fe interior (...). Sí, habría que ser una persona así: mejor dejarse engañar que engañar... una persona decente, sin recelos. Solo ellas están bendecidas por Dios»[7]. San Josemaría repitió muchas veces que prefería que le engañaran alguna vez a desconfiar de los demás[8].

Existe un estudio del MIT —Massachusetts Institute of Technology— que muestra que la lectura digital de los precios falla en un 10 % de los casos, pero en ambas direcciones, con el que el resultado es bueno, tanto para el vendedor como el comprador. Bono, el cantante de U2, se refería a este estudio con estas palabras: «He aquí una lección sobre la confianza, en cierto sentido.

[7] Zweig, S., *La piedad peligrosa*, Debate Editorial, Barcelona 1999, p. 133.

[8] Cfr., por ejemplo: Javier Echevarría, *Memoria del Beato Josemaría Escrivá*, p. 150.

Si confías en las personas, te timarán el diez por ciento de las veces. Soy una persona que confía bastante, pero el diez por ciento de las veces te encuentras en una situación que no se habría producido si hubiera sido más cauto. Pero también se van a dar situaciones muy buenas que no se habrían producido si no hubieras afrontado el riesgo»[9]. Si no confías, te perderás la oportunidad de amar. Y no harás buenos a los demás.

Acudimos a santa María, nuestra Madre. Ella confió en Pedro y los demás apóstoles, les dio una segunda oportunidad, a pesar de que abandonaron a su Hijo, Jesús, cuando más les necesitaba. Le pedimos que nos ayude a nosotros a tener confianza en Dios, en nosotros mismos y en los demás.

[9] Assayas, M., *Conversaciones con Bono*, Alba, Barcelona 2006, p. 39-40.

2. DIRECTAMENTE DEL CAÑO

«La casa se llenó de la fragancia del perfume»

Hay un modo del amor humano —amor que, por otra parte, es único: el que alberga nuestro corazón— que apunta directamente a la fuente del amor —Dios— sin pasar por intermediarios: damos a Dios todo el amor que Él se merece y, además, el que podríamos dar, por amor a Él, a un hombre o una mujer. Bebemos directamente del caño del Amor de Dios.

Inicialmente, para esta meditación, había pensado otro título: «Amor en estado puro». Quería aludir con ello, al hecho de que la pureza aumenta el valor de muchas cosas: el oro y la plata, el incienso, los perfumes, incluso las drogas. Todo lo que es puro es de más valor, más intenso, más embriagador, más fuerte. Pero entonces me di cuenta del error que estaba a punto de cometer: ¿acaso es más puro el amor a Dios en el celibato o la virginidad que en el matrimonio? ¿Acaso es impuro el amor a Dios de una persona casada? ¡No! De ninguna manera.

No nos engañemos: todos, casados o célibes, hemos de amar a Dios con todo nuestro corazón, con toda nuestra alma, con toda nuestra mente y con todas nuestras fuerzas (cfr. Mc 12, 29). Hay además un estrato profundo del corazón cuyo amor debe ser siempre solo para Dios, como indicaba aquel protagonista del drama de Calderón:

Al rey, la hacienda y la vida se ha de dar,
pero el honor,
es patrimonio del alma,
y el alma solo es de Dios[1].

Ordinariamente, el camino y el modo para expresar ese amor total a Dios (y recibirlo) pasa también por la experiencia del don de sí en el matrimonio, imagen de la comunión de personas divinas[2]. Es decir, pasa por el amor esponsal a una criatura. Esto es bueno y santo, y entra en los planes de Dios. Más aún: san Juan Pablo II afirmaba que la unión conyugal de un hombre y una mujer es un signo que hace presente en el mundo visible el amor invisible de Dios[3]. El amor entre un hombre y una mujer, en sí mismo, no es de menos calidad que cualquier otro amor, ni siquiera el amor a Dios.

Dios no pide a todos lo mismo. Aunque, eso sí, todos los cristianos hemos de vivir el Evangelio al pie de la letra, no hay cristianos de segunda categoría. Tú, Señor, tú dijiste a todos los que te seguían: «**Amarás al Señor tu Dios con todo tu corazón y con toda tu alma y con toda tu mente y con todas tus fuerzas**» (Mc 12, 30). Y sin embargo no a todos pediste: «**Anda, vende todo lo que tienes y dáselo a los pobres, y tendrás un tesoro en el cielo. Luego, ven y sígueme**» (*Ibidem*, 21), «**... como hiciste con aquel joven bien concreto sobre el que fijaste tu mirada, pues te quedaste "prendado de Él"**» (cfr. *Ibidem*, 21)... Y cuando hablas de este tema con tus discípulos,

APRENDIENDO A AMAR

---

[1] CALDERÓN DE LA BARCA, P., *El alcalde de Zalamea*, Jornada I, escena XVIII, vv. 869-876.

[2] Cfr. BRAGE TUÑÓN, JOSÉ, *Cuerpos de gloria. Introducción a la Teología del Cuerpo de San Juan Pablo II*, Palabra, Madrid 2019. p. 32-33.

[3] Cfr. *Ibdem*, p. 40.

les aclaras: «**No todos son capaces de entender esta doctrina (...), sino aquellos a quienes se les ha concedido**» (Mt 19, 10-11). El celibato o la virginidad, por amor al Reino de los Cielos (cfr. Mt 19, 12), es siempre un don que Dios concede por un amor especial a quien quiere. Y, como todo don, se puede aceptar o no. Es una posibilidad. Nos conviene conocerla y apreciarla. Sabiendo que Dios siempre respeta nuestra libertad. Su invitación siempre comienza con un «**si quieres**» (Mt 19, 21), como hizo con el joven rico. Tiene su origen en el amor y lleva al amor. Y es una invitación que «lleva sobre todo la impronta de la semejanza con Cristo, que hizo Él mismo esta opción»[4].

Hace años estábamos celebrando un bautizo en el jardín de la casa de una de mis hermanas. En un momento dado se me acercó mi sobrina pequeña con la tirilla blanca del alzacuellos (al parecer, se me había caído al suelo), y entregándomela, me dijo: «Toma, se te ha caído el celibato». «Espero que no», le contesté riéndome. El celibato —o la virginidad— no es eso. No es algo que se lleva, como una carga. No es tampoco renunciar al amor, sino estirarlo al máximo, llevarlo a plenitud. Es darse del todo y para siempre, con todo lo que tenemos y todo lo que podríamos tener, con un amor que es como un fuego, al Amor, con mayúscula. Es quebrar el frasco de nuestra vida para que exhale todo el perfume, sin que pueda ya recogerse para ser usado de nuevo nunca más. Como hizo María de Betania con aquel «**frasco de alabastro con perfume de nardo puro, de mucho precio**». Marcos precisa que María, «**rompiendo el frasco, se lo derramó**

---

[4] Brage Tuñón, José, *Cuerpos de gloria*, p. 96.

[a Jesús] **por la cabeza**» (Mc 14, 3). Todo para Jesús. Y, por Él, para la humanidad entera, que se beneficia de ese amor: «**La casa se llenó de la fragancia del perfume**» (Jn 12, 3), anota Juan.

Recuerdo la honda impresión que me causó una de las escenas de la película *Oneguin*[5]: en la ceremonia de entrega de despachos de los nuevos oficiales de la Guardia, todos, a caballo, brindan con el zar. Y como signo de fidelidad perpetua, al terminar, rompen las copas contra el suelo. Es la misma idea: exclusividad. Nadie volverá a brindar con esa copa, como nadie, salvo el zar, recibirá la fidelidad de esos oficiales. Lo mismo que María al romper el frasco de alabastro: este perfume ya no se usará para otra ocasión, solo para Jesús. Y lo mismo con el celibato: yo para Dios y solo para Él.

El celibato (y la virginidad) es, pues, amor. Un amor que renuncia al yo, a las compensaciones humanas, ¡a todo!, por amor y para unirse al Amado, Dios. No existe cálculo ni valoración alguna. Tiene un punto de locura. Aunque siempre como respuesta al Amor de Dios que se nos entrega y reclama una respuesta por nuestra parte. San Josemaría lo expresaba así: «Las cosas de amor no se piensan, hijos míos; si no, no se hacen. Estoy seguro de que nuestros padres no se lo pensaron mucho para casarse. Si no, no se habrían casado y no estaríamos nosotros en el mundo»[6]. En el fondo, es muy parecido al amor humano. Es como un flechazo,

---

[5] Película británica dirigida por Martha Fiennes, y estrenada en 1998. "Eugenio Oneguin" es también el título de una novela en verso escrita por Aleksandr Pushkin en 1837, de la que Chaikovski compuso una ópera, estrenada en 1879.

[6] San Josemaría, *Tertulia*, 30-XI-1960.

como un enamoramiento. Sor Pilar recordaba así el momento del descubrimiento de su vocación:

> Los tres días del cursillo de Cristiandad transcurrieron felices para mí. Las charlas en sí no me impactaron, pues se daban nociones cristianas muy elementales. Y llegó el último día, 19 de marzo, San José. La última hora del cursillo y el último momento, ¡vamos, que el Señor me cazó por los pelos!
>
> Para despedirnos teníamos una Hora Santa en la capilla. El sacerdote, antes de dar comienzo a una serie de oraciones, abrió el Sagrario y dejó al descubierto el Copón. Eran las ocho y cuarto de la tarde. Nada más dirigir la mirada al Sagrario empecé a escuchar clarísimamente en mi interior: «Sígueme, sígueme, sígueme». Deprisa volví la mirada al librito que tenía en la mano. Me parecía imposible estar oyendo aquella Voz y me decía a mí misma: «Estaré atontada».
>
> Volví a mirar al Sagrario abierto y la misma Voz resonaba con fuerza: «Sígueme». Por segunda vez aparté de Él la mirada. Me hería. No podía resistirlo.
>
> Por última y definitiva vez retorné a mirar a Jesús Sacramentado y de nuevo: «Sígueme, sígueme». ¡Ya no pude soportar más tiempo! Bajé el rostro y vi que tenía las manos mojadas, entonces comprendí que había estado llorando del impacto y sin darme cuenta.
>
> Sentí una paz y un gozo grandísimos e incertidumbre al mismo tiempo. Pero sabía que, al fin, había llegado la hora de Dios[7].

Por tanto, quienes eligen este camino, siguiéndote a Ti, Señor, no son gente sin amor sino con *demasiado* amor. *Demasiado* amor como para darse a un solo ser humano y, por eso, se dan a todos, a través de Ti. Ellos

---

[7] Sor Veronica Maria (Coord.), *Clara ayer y hoy. 40 jóvenes clarisas desvelan su secreto*, BAC, Madrid 1996, p. 244.

y ellas piensan: «Yo podría hacer feliz a una persona, seguro, pero creo que Dios quiere que renuncie a esa posibilidad, para hacer felices a miles de personas». No es soberbia: ese amor inmenso que quiere abarcar el mundo entero es un don tuyo, Señor, que se acoge humildemente en el corazón. Y al hacerlo, la propia vida se llena de sentido y felicidad. Porque «lo que se necesita para ser feliz no es una vida cómoda, sino un corazón enamorado»[8]. Estas personas son, con expresión de un monje benedictino, que gustaba usar a san Josemaría, «los aristócratas del amor en el mundo»[9].

El Catecismo de la Iglesia, hablando del celibato de los sacerdotes —pero podemos aplicarlo a cualquiera cuya vocación incluya el don del celibato—, dice lo siguiente: «Llamados a dedicarse totalmente al Señor y "sus cosas" (1 Cor 7, 32)»; quienes aman así, «se entregan enteramente a Dios y los hombres. El celibato es un signo de esta vida nueva (...); aceptado con un corazón alegre, anuncia de modo radiante el Reino de Dios»[10]. Entrega entera, vida nueva, corazón alegre, anuncio radiante: he aquí algunas de las características de este amor que, como todo amor verdadero, tiene una gran fecundidad. Lo vemos en la Virgen al pie de la Cruz que, plenamente identificada por amor con el sacrificio de su Hijo en la Cruz, recibió a todos los hombres como hijos. La paternidad y maternidad espirituales crecen en proporción directa a la entrega y el sacrificio personal. En cierto sentido, las personas entregadas a Dios en el celibato tienen

---

[8] SAN JOSEMARÍA, *Surco*, n. 795.

[9] FRAY JUSTO PÉREZ DE URBEL, *El ciprés del claustro*, poesía publicada en el diario ABC el 28-X-1923, p. 9.

[10] *Catecismo de la Iglesia Católica*, n. 1579.

menos problemas que otras personas para compartir los problemas de muchas otras personas. ¡Qué bien se entienden ahora estas palabras de san Josemaría!: «Tened siempre presente que es el Amor —el Amor de los amores— el motivo de nuestro celibato»[11].

Pero todo esto, Señor, ¡qué bien lo sabemos!, no significa que las personas que abrazan el celibato sean mejores que los demás. Es cierto que san Juan Pablo II, tomando pie de tu afirmación a los saduceos, **«cuando resuciten de entre los muertos, ni se casarán ni serán dadas en matrimonio»** (Mc 12, 25), explicaba que «cuando la llamada al celibato "por el reino de los cielos" encuentra eco en el alma humana en esta vida, en las circunstancias en las que ordinariamente "toman mujer y toman marido", no resulta difícil percibir una sensibilidad especial del espíritu humano que, ya en las condiciones de temporalidad en este mundo, parece anticiparse a aquello de lo que el hombre será partícipe en el gozo de la resurrección futura»[12]. Pero esa sensibilidad forma parte del don que tú pones libremente en el corazón de esas personas, una sensibilidad que ellas mismas no saben de donde viene, y que les sorprende y llena de estupor. «¿Por qué a mí?». O, con el gran Lope: «¿Qué tengo yo que mi amistad procuras?»[13].

La elección de Dios es siempre un misterio. Porque no hay nada previamente en la persona que cause la elección de Dios, más bien es al revés: primero la elige por puro amor, y luego le da lo que necesita para

---

[11] San Josemaría, *Instrucción 8-XII-1941*, n. 84.

[12] Brage Tuñón, José, *Cuerpos de gloria*, p. 93.

[13] Lope de Vega, *Rimas Sacras,* Soneto XVIII.

responder. San Josemaría explicaba que ese «impulso misterioso, que empuja al hombre a dedicar sus más nobles energías... Esa fuerza vital, que tiene algo de alud arrollador, es lo que otros llaman vocación... Jesús se mete con un acto de autoridad en el alma, en la tuya, en la mía: esa es la llamada»[14].

Hay quienes piensan que el celibato frustra las tendencias naturales. No es verdad. Podría ser, si el motivo de permanecer célibe fuera el egoísmo o el miedo. Pero no si esa renuncia es por amor. Lo que es natural en el ser humano es la entrega por amor, el don de sí. Eso es lo que «plenifica» a una persona, lo que da sentido a su vida, lo que la hace feliz: «El hombre, única criatura terrestre a la que Dios ha amado por sí mismo, no puede encontrar su propia plenitud si no es en la entrega sincera de sí mismo a los demás»[15]. Una persona que abraza el celibato por el reino de los cielos se está entregando totalmente por amor para dar vida a otros, por medio de esa paternidad y maternidad espirituales de las que hablaba san Juan Pablo II[16]. Ama con todo su ser. Y Tú, Señor, eres capaz de llenarla como nadie es capaz de hacerlo.

Así lo expresaba esta joven religiosa:

> Recuerdo que (...) empecé a regalarle flores [a Jesús]. Las cogía y las ponía al lado del Sagrario. Se las regalaba. Hubo un día que iba por la calle con una flor y un chico se me puso en medio sin dejarme pasar. Empezó a tontear conmigo diciendo: «¿Esa rosa es para mí?». Y yo pensaba:

[14] San Josemaría, *Carta 9-I-1932*, citado en el Rodríguez, P., *El Opus Dei en la Iglesia*, Rialp, Madrid 2014, p. 148.

[15] Concilio Vaticano II, *Constitución Gaudium et Spes*, n.24

[16] Brage Tuñón, Jose, *Cuerpos de gloria*, pp. 99-100.

«¿Y este? ¡Que esta flor es para mi Jesús, pesado!». Así empecé a hacerle regalos. Esto lo cuento para explicar lo siguiente. Es una cosa que debo decir, que me gusta y me emociona. Verás. Toda mi afectividad, todo lo que en una chica puede despertar un día al calor de un chico, al estar con un chico o en el noviazgo, todo ese sentimiento que va aflorando y que se siente y alegra el corazón a través de los sentidos, al verle, al oírle... Todo eso lo he vivido en mi vida. A mí el Señor me lo ha dejado entender. Forma parte de la vocación. Yo no he tenido esa vivencia con un muchacho. Seguramente, si esto lo hablo con una psicóloga, dirá que qué vacío, que qué etapa quemada, que tengo un cráter afectivo y que estoy enferma, pero no es así. El Señor me ha ayudado a madurar en muchas cosas y esta vivencia es de alegría. Dios ha despertado toda mi afectividad de mujer a su lado, ante la Eucaristía. No he necesitado otra cosa, no he necesitado ni un chico ni un hombre y, sin embargo, no ha faltado nada afectivamente. Una chica entra en un convento porque Cristo la ha enamorado[17].

Quien tenga una visión materialista de la vida no lo entenderá. Si el placer físico fuera la felicidad, esos «chicos y chicas Kleenex», de usar y tirar en una relación sexual episódica y sin compromiso, serían muy felices, y no lo son. En absoluto. Cualquier pareja de novios, o matrimonio, que se quieran de verdad son infinitamente más felices. Hay placeres espirituales más elevados que los placeres físicos. Un amor verdadero, por ejemplo, aunque también pueda incluir placeres físicos. Y dentro de los placeres espirituales,

---

[17] GARCÍA, J., *¿Qué hace una chica como tú en un lugar como este? Diez mujeres de nuestro tiempo dan testimonio de su vocación religiosa*, Libros Libres, Madrid 2010, p.118. Ya cité estas palabras en: BRAGE, J., *Cuerpos de gloria*, pp. 99-101, pero me parece que merece la pena volverlo a hacer aquí.

quizás uno de los más elevados sea la comunión que resulta del don de sí total por amor a quien nos ama con locura, a aquel que es sencillamente puro Amor, Dios. Todos tenemos sed de amor. Pero se puede calmar la sed en una charca, en un manantial o en un mar de agua dulce. Recuerdo una joven que sentía cierta inquietud en el corazón y trataba de discernir si Dios le llamaba a entregarse a Él en el celibato. Así pasó varios meses, sin acabar de decidirse. Entonces, un chico que le gustaba desde siempre, le pidió salir. Le animé a hacerlo. A los pocos meses me explicaba: «Estoy muy bien con Menganito, pero hay una parte de mí a la que él no llega. Y Dios sí». Pocos días después, cortó con el chico y se decidió a entregarse a Dios en el celibato. No estaba limitando su anhelo de amor, sino llevándolo a plenitud.

Señor, todos tenemos que alegrarnos y ser agradecidos con las personas que, por una gracia especial, se entregan a Ti en el celibato o la virginidad. Estas personas nos enseñan que «solo Dios basta», como decía santa Teresa. Nos hacen entender que el sacrificio por amor es fecundo. Robustecen nuestra fe en Ti y tu Amor. «Una chica que es capaz de decir sí: Dios. Un joven que es capaz de dejarlo todo: Dios». Es un silogismo sencillo, pero real. Por eso, si un amigo mío, o una amiga, se entrega a Dios, debo apoyarle, respetando su libertad y la tuya, Dios mío. Y si es mi hijo o mi hija, con más razón. Toda vocación tiene sus raíces en la Iglesia, en la propia familia, y se alimenta de ella. Por eso yo, Jesús, jamás haré la labor del diablo oponiéndome a esa entrega, a algo que puede ser tuyo.

Y a los que sienten esa llamada a la entrega a Dios y los hombres en el celibato o la virginidad, les diría con san Josemaría: «Dadle generosamente al Señor ese corazón joven que tenéis, esa vida hermosa, espléndida: dadle esa vida vuestra. Haced el sacrificio de Abel, no el de Caín». No os arrepentiréis. Saldréis ganando. Tendréis un amor como nadie tiene. Contemplad a María. Nadie tiene un corazón como el suyo, tan lleno de amor. La Virgen. Así la llamamos. Ella puede ser nuestra Madre, la de todos, porque fue virgen en cuerpo y alma.

3. AMISTAD

«All you need is love»

Todos queremos lo mismo: que nos quieran. *«All you need is love, love, love is all you need»*[1], cantaban los Beatles: todo lo que necesitas es amor. Somos seres en busca del amor. Incluso cuando hacemos cosas estúpidas, contraproducentes o destructivas, en el fondo lo que queremos es amor: tan solo lo buscamos en sitios equivocados. Las drogas, el sexo sin compromiso, la masturbación, la adicción al alcohol, la obscena ostentación pública de nuestra intimidad, la frivolidad y el postureo, no son más que sustitutos ineficaces del amor.

Recuerdo un chico que, después de que comentáramos la belleza de tener un amor limpio y sincero, me decía, refiriéndose a su modo habitual de comportarse al salir —«pillaba» con la primera chica que se pusiera «a tiro» y, si ella accedía, se la llevaba a su piso—: «En el fondo, lo que yo quiero no es esto, pero como no consigo lo otro, un amor verdadero, esto me anestesia».

Podemos pensar también en esas personas que están permanentemente llamando la atención, saltando y aupándose para «salir en la foto», machacando verbalmente a posibles competidoras, buscando ser el centro de toda reunión con su modo de hablar, de

---

[1] The Beatles, *All You Need Is Love*, del álbum *Magical Mistery Tour*, Parlophone, GBR, 1967.

vestir, o de comportarse... ¿Acaso no dan la triste impresión de estar afectivamente vacías y, por eso, desesperadamente necesitadas de amor? ¿No es esa conducta una muestra de su fragilidad e inseguridad? ¿No dan ganas de decirles: «¿Qué te pasa, que nadie te quiere, verdad?». Todos vamos persiguiendo el amor, cada uno a su modo y, algunas veces, por caminos equivocados.

Existe un amor universal que es el amor de amistad. Es un amor con pocos sobresaltos, porque no es muy instintivo ni biológico: no hay acelere del pulso, ni «mariposas en el corazón», ni cambio del color de la piel... Es un amor poco necesario, en el sentido de que, aparentemente, se puede vivir biológicamente sin él. Pero, sin embargo, ¡cómo ayuda este amor sencillo a la felicidad![2]. ¡Qué bien nos sentimos después de una reunión de amigos, quizás en torno a una mesa, charlando y compartiendo nuestras cosas! ¡Con qué alegría se recibe a los buenos amigos en casa! Basta pasar un rato con ellos para estar más contentos y felices.

Pocas cosas hay en la vida más inspiradoras y, a la vez, más consoladoras, que sentir la estima, el aprecio y el cariño sincero de unos amigos leales. Es un regalo de Dios. Los niños que, por no estar *aún* contaminados por la autosuficiencia, son sabios para las cosas de amor, lo saben perfectamente. En una ocasión, un padre de familia explicaba que había comprado unos columpios para el jardín de su casa, y así evitar que su padre, ya anciano, tuviera que llevar a los nietos al

---

[2] Cfr. Brage Tuñón, J., *Sin miedo. Porque él está ahí*, Palabra, Madrid, 2017, pp. 34-37.

parque, un poco lejano, a jugar en los columpios. El
primer día que, en plan sorpresa, llevó a los niños al
jardín a mostrarles los columpios, sus hijos miraron
con atención y, algo decepcionados, le preguntaron:
«¿Y los otros niños?». Echaban de menos los amigos
del parque. Esos niños estaban repitiendo, a su modo,
la archiconocida frase de Aristóteles hace más de 2300
años: «Sin amigos nadie querría vivir, aun cuando
poseyera todos los demás bienes»[3]. Y prueba de ello
son las tragedias que las niñas pequeñas montan en
sus cabecitas cuando sienten que su «mejor amiga»
está «traicionando» su amistad y yéndose con otras
amigas. Evidentemente, en esos casos hay mucha
inmadurez y una errónea percepción del amor de
amistad como algo exclusivo, pero es revelador de
la necesidad que esas niñas sienten de cultivar unos
lazos de amor sólidos y fiables. En el fondo, todos
albergamos esos deseos, aunque no lo digamos. Nos
hacemos independientes, y disimulamos, aparentando
no necesitar de los demás, pero no es verdad.

Señor, estamos hechos para el amor. Quiero que me
quieran. Lo grita todo nuestro ser. Y la amistad es
el más universal de todos los amores. Quiero tener
amigos. Como sea. Aunque no lo reconozca. Quiero
que me quieran.

Tú mismo, Señor, que eres nuestro modelo en todo[4],
cultivaste la amistad. Eras amigo, por ejemplo, de
esos tres hermanos que te acogían en su casa de
Betania, donde te sentías tan a gusto. Juan escribe
que «**Jesús amaba a María, a su hermana** [Marta] **y**

---

[3] Aristóteles, *Ética a Nicómaco*, VIII, 1.

[4] «**Yo soy el Camino, la Verdad y la Vida**» (Jn 14, 6).

a Lázaro» (Jn 11, 5), y Tú mismo recalcas tu amistad con ellos al decirle a Marta: «**Lázaro, *nuestro amigo*, está dormido**» (*Ibidem*). Defines tu relación con los discípulos como una relación de amistad: «**A vosotros os he llamado *amigos***» (Jn 15, 15). Eres un hombre que valora tanto la amistad como para poner la cumbre del amor en ella: «**Nadie tiene amor más grande que el que da la vida por sus *amigos***» (Jn 15, 13). Y no la retiras fácilmente: incluso tras su traición, sigues considerando amigo a Judas: «***Amigo, ¿a qué has venido?***» (Mt 26, 50).

En tu predicación, Señor, se nota, además, un gusto interior y una sensibilidad grande por todo lo relacionado con la amistad. Los amigos comparten la alegría: aquel que recupera la oveja perdida «**y, al llegar a casa, reúne a los amigos y vecinos y les dice: "Alegraos conmigo, porque he encontrado a la oveja que se me perdió"**» (Lc 15, 6). La generosidad y el servicio son propias de la amistad: «**¿Quién de vosotros que tenga un amigo y acuda a él a medianoche y le diga: "Amigo, préstame tres panes, porque un amigo mío me ha llegado de viaje y no tengo qué ofrecerle", le responderá desde dentro: "No me molestes, ya está cerrada la puerta; los míos y yo estamos acostados; no puedo levantarme a dártelos"? Os digo que, si no se levanta a dárselos por ser su amigo, al menos...**» (Lc 11, 5-7). El amigo se preocupa por el bien del amigo: «**Amigo, sube más arriba**» (Lc 14, 10), dice el anfitrión en la parábola de los invitados al banquete. Tú, Señor, das por supuesto que la amistad es recíproca, y por eso adviertes: «**Cuando des una comida o una cena, no llames a tus amigos (...); no sea que también ellos te devuelvan la invitación y te sirva de recompensa**»

(Lc 14, 12). Y pones esta queja en boca del hermano mayor de la parábola del hijo pródigo, que muestra el deseo de los amigos de divertirse juntos: «**Nunca me has dado ni un cabrito para divertirme con mis amigos**» (Lc 15, 29).

El Señor es de trato fácil, con todos se junta, a todos brinda su amistad. Así lo recoge Lucas en su Evangelio: «**Solían acercarse a Jesús todos los publicanos y los pecadores a escucharlo. Y los fariseos y los escribas murmuraban diciendo: "Ese acoge a los pecadores y come con ellos"**» (Lc 15, 1). Y cada uno de nosotros puede pensar: ¿Cómo soy yo? ¿Estoy bien predispuesto hacia las demás o tengo prejuicios? ¿Me resulta fácil intimar? ¿Paso por encima de aquellas diferencias que podrían separarnos?

«Quiero que me quieran», decíamos. Pero para conseguirlo el camino es hacerme «querible», amable. No exigirlo. «Si quieres ser amado, sé amable»[5]. El que me quieran es siempre un regalo. Ocurre como con la felicidad. Se consigue en oblicuo, no en directo. Una persona amable es una persona que inspira amor. Precisamente porque lo da. Se cuenta la historia de un padre que va a la montaña con su hijo. El niño tropieza, y se le escapa un grito de dolor: «¡Ay!», que el eco devuelve: «¡Ay! ¡Ay! ¡Ay!....». El niño, asombrado, pregunta: «¿Quién eres?». Y de nuevo el eco: «¿Quién eres? ¿Quién eres? ¿Quién eres?...». Un poco mosca, el niño grita: «¡Cobarde!». Y recibe como respuesta: «¡Cobarde! ¡Cobarde! ¡Cobarde!...». Ante el enfado creciente del niño, el padre interviene y grita: «¡Eres admirable!», y el eco devuelve sus palabras: «¡Eres

_____
[5] Ovidio, *El arte de amar*, libro II.

admirable! ¡Eres admirable! ¡Eres admirable!...». Y vuelve a gritar: «¡Campeón!». Y el eco: «¡Campeón! ¡Campeón! ¡Campeón!...». El hijo sonríe, satisfecho, y el padre le enseña: «Mira, la gente suele llamar a la voz que hemos escuchado "eco", pero en realidad es la voz de la vida. Ella te devuelve lo que tú dices o haces».

Por eso, si no te gusta lo que recibes, revisa lo que das. Porque el amor es la única cosa que cuanto más se da más se tiene. Quizás, Señor, este sea uno de los sentidos de aquella frase tuya que tanto sorprendió a los discípulos: **«A todo el que tiene se le dará y tendrá en abundancia; pero al que no tiene, incluso lo que tiene se le quitará»** (Mt 25, 29). Y por eso pudiste afirmar que **«hay más felicidad en dar que en recibir»** (Hech 20, 35).

San Juan de la Cruz escribió: «Donde no hay amor pon amor, y sacarás amor»[6]. Pero ¡cuidado!, hay que hacerlo con la mayor rectitud de intención posible, por el bien del otro, porque si el principal motivo de mi amor es el interés propio de ser correspondido, ya no sería amor. Con esto no estamos diciendo que no deseemos en absoluto vernos correspondidos, pues sería una pretensión imposible e inhumana: la reciprocidad está en la esencia del amor de amistad. Se trata, simplemente, de intentar que ese interés no sea el motivo fundamental.

Podemos decir que, si Jesús es el rostro del Padre, la amistad del Maestro con sus discípulos es una forma que toma el amor de Dios a los hombres. La amistad

---

[6] SAN JUAN DE LA CRUZ, *Carta a la M. M. de la Encarnación*, en Vida, BAC, Madrid 1950, p. 1322.

es, como todo amor, reflejo del amor de Dios, con el que comparte su desinterés: «no se practica para obtener otros objetivos»[7], se otorga gratuitamente, sin pedir nada, ni intentar convencer de nada. Y creo, Señor, que cuando nos advertiste: **«Si el grano de trigo no muere al caer en tierra, queda infecundo; pero si muere, produce mucho fruto»** (Jn 12, 24), te estabas refiriendo también a esa generosidad y liberalidad de la amistad, que se olvida de uno mismo. Si el grano de mi amor de amistad no muere a mi propio interés, no producirá frutos de verdadera amistad, pero si lo hace, será correspondido con el amor de los demás.

En cambio, esas personas que van exigiendo constantemente el amor, y reprochando cuando no lo consiguen, consiguen justamente lo contrario: la gente, temerosa y harta, se aparta de ellos. Quizás has oído alguna vez aquel chiste que lo refleja muy bien:

Un niño se acerca a su padre y le pregunta:

—Papá, ¿qué es una araña?

El padre le explica:

—Un pequeño ser depredador y peligroso que teje una red para atraparte.

Con gesto de haber comprendido, al hijo se le ilumina la cara, y replica:

—¿Como la abuela?

A lo que el padre contesta:

—Con más patas.

No podemos ser como «arañas» en la amistad. C. S. Lewis lo expresaba así:

---

[7] Benedicto XVI, *Encíclica «Deus Caritas est»*, n. 31.

El padre o el niño que menos amor inspiran pueden estar poseídos de ese tipo de amor voraz, aunque redunda en su propia desgracia y en la de los demás. La situación se vuelve insoportable. Las personas que son de suyo difíciles de amar, su continua exigencia de ser amadas, como si fuera un derecho, su manifiesta conciencia de ser objeto de un trato injusto, sus reproches, sea con estridentes gritos o con quejas solamente implícitas en cada mirada o en cada gesto de resentida autocompasión, provocan en nosotros un sentimiento de culpa —*ésa es su intención*— por una falta que no podíamos evitar y que no podemos dejar de cometer.

Esas personas sellan así la verdadera fuente en la que desean beber. Si en algún momento propicio surge en nosotros cualquier brizna de afecto por ellas, su exigencia creciente nos paraliza de nuevo. Y, por supuesto, esas personas desean siempre las mismas pruebas de nuestro amor: tenemos que estar a su lado, escucharles, compartir sus quejas contra alguna determinada persona... «Si mi hijo me quisiera de veras, se daría cuenta de lo egoísta que es su padre», «Si mi hermano me quisiera, tomaría partido por mí y contra nuestra hermana», «Si usted me quisiera, no permitiría que me trataran así».

Y, mientras tanto, siguen estando lejos del camino. «Si quieres ser amado, sé amable», dijo Ovidio[8].

Señor, ¿no seré yo un poco así, algo... insoportable? Voy a preocuparme, no de si me quieren, sino de querer yo a los demás, de ser buena persona: es todo lo que puedo hacer. Y entonces, cuando sea amable, me amarán. Porque la amistad es un tipo de amor completamente libre, no se puede exigir, sino merecer. Es un don, un regalo. **«Buscad primero el Reino de Dios y su justicia, y todas estas cosas se os añadirán»** (Mt 6, 33).

---

[8] LEWIS, C. S., *Los cuatro amores*, Rialp, Madrid, 2008, p. 53.

Por tanto, hazte amable. *Sé* alegre. *Sé* agradecido. *Sé* servicial. *Sé* optimista. Deja hablar. Escucha. Empatiza. Alégrate con los demás. Sufre con los demás. Ayuda desinteresadamente. Perdona. No reproches. Pide perdón. Di la verdad siempre o, al menos, no mientas. Comparte tu intimidad. Pide consejo. Haz partícipes a los demás de tus alegrías y tus penas. Pero no te quejes. Pierde el miedo a mostrarte vulnerable, con defectos y debilidades. Déjate ayudar con agradecimiento. Y si piensas que todo esto es muy difícil, pídele ayuda al Espíritu Santo, que es efusión de amor, para que te enseñe a querer. Quizás puedes rezarle, con aquel antiguo himno: «*Ven*, Espíritu Creador; (...) infunde tu amor en nuestros corazones»[9].

«Quiero que me quieran» significa también tener amigos. Pero la condición para tener amigos es tener *algo más* que amigos. Tener algo que compartir. Ya lo dice esa copla:

Al pie de un árbol sin fruto
me puse a considerar
qué pocos amigos tiene
quien no tiene na pa dar[10].

Escribía C. S. Lewis que la amistad surge «cuando dos o más compañeros descubren que tienen en común algunas ideas o intereses o simplemente algunos gustos que los demás no comparten y que hasta ese momento cada uno pensaba que era su propio y único tesoro, o su cruz. La típica expresión para iniciar una amistad

---

[9] Se trata del primero y decimocuarto versos del himno «Veni Creator», del siglo IX.

[10] Es la primera estrofa de una petenera grande popular, titulada: "Al pie de un árbol sin frutos".

puede ser algo así: "¿Cómo, tú también? Yo pensaba ser el único". Se descubre algo común en el otro. Y ambos empiezan a mirar, juntos, en la misma dirección». Continúa Lewis: «En este tipo de amor —como decía Emerson—, el "¿Me amas?" significa "¿Ves tú la misma verdad que veo yo?". O, por lo menos, "¿Te interesa?" La persona que está de acuerdo con nosotros en que un determinado problema, casi ignorado por otros, es de gran importancia puede ser amigo nuestro»[11].

Por eso es importante tener riqueza en nuestro interior. Cultivar aficiones. No ser personas planas. Tener intereses, pues nos hacen interesantes. Para inspirar amor hay que tener amor a algo. «De ahí también que esos patéticos seres que solo quieren conseguir amigos nunca podrán conseguir ninguno. La condición para tener amigos es querer algo más que amigos: si la sincera respuesta a la pregunta "¿Ves la misma cosa que yo?" fuese "No veo nada, pero la verdad es que no me importa, porque lo que yo quiero es un amigo", no podría nacer ninguna amistad, aunque pueda nacer un afecto; no habría nada "sobre" lo que construir la amistad, y la amistad tiene que construirse sobre algo, aunque solo sea una afición por el dominó, o por las ratas blancas. Los que no tienen nada no pueden compartir nada, los que no van a ninguna parte no pueden tener compañeros de ruta»[12]. La frivolidad, la superficialidad, al eliminar la propia intimidad poniéndola a la venta en un escaparate, hace muy difícil la amistad.

Ya que compartir bienes es la actividad más propia de la amistad, ésta se dignifica con la cualidad de aquello

---

[11] Lewis, C.S., *Los cuatro amores*, p. 78.
[12] Lewis, C.S., *Los cuatro amores*, p. 78.

que se pone en común. Cuando se comparte lo más grande que hay en la vida: el amor a Dios, el amor a la Iglesia, la propia vocación y misión apostólica, el amor a las almas y el deseo de hacerlas felices acercándolas a Dios, formar una familia santa, etc., la amistad se profundiza y eleva. Como siempre ocurre, el amor de Dios siempre tira para arriba de los otros amores. Por eso, el apostolado bien entendido no es un obstáculo para la amistad, sino una manifestación de ella: se comparte lo más íntimo y noble que se posee. «*¿Las criaturas para ti? –* Las criaturas para Dios: si acaso, para ti por Dios»[13].

Y, por lo mismo, la amistad se dignifica cuando se comparten los amigos: «La verdadera amistad es el menos celoso de los amores. Dos amigos se sienten felices cuando se les une un tercero, y tres cuando se les une un cuarto, siempre que el recién llegado esté cualificado para ser un verdadero amigo. Pueden entonces decir, como dicen las ánimas benditas en el Dante, "Aquí llega uno que aumentará nuestro amor"; porque en este amor "compartir no es quitar"»[14].

El amor de amistad puede degenerar en cierta prepotencia o superioridad corporativa: «*E*ste no es de nuestro grupo de amigos». Necesita ser purificado con la caridad. Las amistades exclusivas no son verdaderas amistades: o bien son amistades corrompidas por el egoísmo y el interés, o bien se intenta aplicar a este amor gratuito y libre de la amistad categorías propias del amor erótico, que no tienen sentido aquí. De ahí que san Josemaría, que tanto amó la amistad y tantos

---

[13] San Josemaría, *Camino*, n. 147.

[14] Lewis, C. S., *Los cuatro amores*, p. 73.

amigos tuvo, nos previniera: «Dime, dime: eso... ¿es una amistad o es una cadena?»[15]. No quiero cadenas, Señor, sino alas para volar hacia Ti: ¡ayúdame!

Vamos a acudir a la Virgen Santísima. Ella tenía muchas y buenas amigas, y no es para menos: ¡dichosas aquellas mujeres que pudieron asomarse a su corazón bendito! Las vemos junto a ella, al pie de la Cruz, cuando casi todos tus amigos te habían traicionado, Señor.

[15] San Josemaría, *Camino*, n. 160.

4. JESÚS AMIGO

«Hierro se afila con hierro»

Hemos meditado en el anterior capítulo sobre el amor de amistad. San Josemaría nos dejó escrito este consejo: «Buscas la compañía de amigos que con su conversación y su afecto, con su trato, te hacen más llevadero el destierro de este mundo..., aunque los amigos a veces traicionan. — No me parece mal. Pero... ¿cómo no frecuentas cada día con mayor intensidad la compañía, la conversación con el Gran Amigo, que nunca traiciona?»[1]. Tú, Señor, eres el mejor amigo que cada uno de nosotros tenemos. Mirándote a Ti, aprendemos cómo debe ser el amor de amistad. Pero no solo eso, tratándote como Amigo, experimentamos el poder transformante de tu Amor, y nos hacemos capaces de amar con ese mismo amor a nuestros amigos. Porque, como dice la Sagrada Escritura: **«Hierro se afila con hierro, y el hombre se afila en el trato con su prójimo»** (Prov, 27, 17). El amor no es un concepto, un conocimiento, sino algo práctico, un arte, que se aprende en el trato.

Dice san Juan de la Cruz que: «Por más misterios y maravillas que han descubierto los santos doctores y entendido las santas almas en este estado de vida, les quedó todo lo más por decir y aun por entender, y así hay mucho que ahondar en Cristo, porque es como una

---

[1]San Josemaría, *Camino*, n. 88.

abundante mina con muchos senos de tesoros, que por más que ahonden, nunca les hallan fin ni término, antes van en cada seno hallando nuevas venas de nuevas riquezas acá y allá»[2]. Hay en tu corazón, Señor, infinitos tesoros de amor por descubrir. Siempre podemos aprender de Ti cosas nuevas. Nunca podemos darnos por satisfechos. Vamos a fijarnos de nuevo en tu amistad con los hombres, tus hermanos[3].

1. *Jesús es un amigo cercano.* Tú, Señor, recorres nuestras calles, bebes en nuestras fuentes, entras en nuestras casas, surcas nuestros mares, subes nuestras montañas y miras nuestro horizonte. Es muy emocionante, cuando se peregrina a Tierra Santa, pensar que Jesús pisó *estos* senderos, subió *estos* escalones, bebió de este pozo, navegó por *este* lago, nació en *esta* gruta, trabajó en *este* taller, vivió en *esta* casa, rezó en *esta* sinagoga, acudió a *esta* ciudad a una boda, peregrinó a *esta* otra ciudad, pasó una noche encarcelado en *esta* mazmorra de esta casa, lloró en *este* lugar a la vista de Jerusalén, fue crucificado en *esta* roca, yació muerto en *este* sepulcro, y resucitó en *esta* losa. De hecho, en cada uno de esos lugares se dice la Misa correspondiente a ese suceso, independientemente del día, y en las oraciones y lecturas se añade esa palabra mágica: AQUÍ.

¡Tú, Jesús, estuviste en nuestro mundo! No tuviste reparo en compartir la mesa y el hogar con tus amigos muchas veces: «**Saliendo Jesús de la sinagoga, entró en casa**

---

[2] San Juan de la Cruz, *Canciones* 37, 4. Se lee en el oficio de lecturas de su fiesta.

[3] Me ha servido de inspiración para lo que sigue: Fernández-Carvajal, F., *El Misterio de Jesús de Nazaret*, Palabra, Madrid 2013, p. 307.

de Simón» (Lc 4, 38). «**Leví** [Mateo] **le preparó en su casa un gran banquete para él**» (Lc 5, 29). «**Uno de los fariseos** [Simón] **le rogaba que comiera con él; y entrando en casa del fariseo se recostó a la mesa**» (Lc 7, 36). Incluso a personas recién conocidas, les muestras una gran confianza: «**Zaqueo, baja pronto, porque conviene que hoy me quede en tu casa**» (Lc 19, 5). Y sigues así hoy, Señor: te haces presente en cualquier lugar, en medio de los hombres, allá donde estamos, y nos brindas tu amistad. Pienso ahora en esas misas dichas en la montaña, o junto a la cama de un enfermo, o en otros sitios, en las que no tienes reparo en hacerte presente, por las palabras del sacerdote, y brindar tu amistad a cuantos asisten. No te haces de rogar. ¿Cómo voy yo de cercanía con mis amigos?

D. Fernando Ocáriz, prelado del Opus Dei, escribió una carta pastoral sobre la amistad, donde enumeraba algunos peligros que pueden amenazar la cercanía entre amigos: «Ciertas maneras de expresarse pueden enturbiar o dificultar la creación de un ambiente de amistad. Por ejemplo, ser demasiado categórico al expresar la propia opinión, dar la apariencia de que pensamos que los propios planteamientos son los definitivos, o no interesarse activamente por lo que dicen los demás, son modos de actuar que encierran en uno mismo. En ocasiones, estos comportamientos manifiestan una incapacidad para distinguir lo opinable de lo que no lo es, o la dificultad para relativizar temas en los que las soluciones no son necesariamente únicas»[4]. Señor, ¿me pasa a mí esto? ¿Cómo podría mejorar?

---

[4] Ocáriz, F., *Carta pastoral*, 1-XI-2019, n. 9.

2. Jesús es amigo para todos. Ante Ti desparecen todas las barreras y divisiones: judíos o samaritanos, fariseos o publicanos, pobres o ricos, sanos o enfermos, hombres o mujeres... Aprovechas cualquier encuentro casual para entablar una relación de amistad: junto al pozo de Samaría tomas la iniciativa con la samaritana: «**Dame de beber**» (Jn 4, 7); superas su prevención y sus prejuicios cuando te dice: «**¿Cómo tú, siendo judío, me pides de beber a mí, una mujer samaritana?**» (*Ibidem*, 9); muestras tus deseos sinceros de compartir lo que llevas en el corazón: «**Si conocieras el don de Dios**» (*Ibidem*, 10); ofreces con generosidad lo que tienes: «**El que beba del agua que yo le daré no tendrá sed nunca jamás**» (*Ibidem*, 13); ayudas a enfrentarse con la verdad de su vida: «**Bien has dicho: no tengo marido, porque has tenido cinco y el que tienes ahora no es tu marido**» (*Ibidem*, 17-18); escuchas con paciencia sus perplejidades y errores: «**Nuestros padres adoraron a Dios en este monte, y vosotros decís que el lugar donde se debe adorar es en Jerusalén**» (*Ibidem*, 20); señalas sus errores: «**Vosotros adoráis lo que no conocéis**» (*Ibidem*, 22); y «pocos minutos de conversación bastaron para que la mujer samaritana se sintiera conocida y comprendida»[5].

¿Cómo aprovecho yo los encuentros casuales «junto al pozo», es decir, en la parada del bus, en el metro, en el trabajo, en cualquier sitio y con cualquier persona? ¿Soy abierto de mente y corazón, sintiéndome capaz de llegar a la amistad con gente muy distinta a mí, o con opiniones distintas a las mías? ¿Soy paciente

---

[5] Ocariz, F., *Carta pastoral*, 1-XI-2019, n. 2.

para escuchar y superar los prejuicios? Porque, como dice san Josemaría, «la amistad verdadera supone también un esfuerzo cordial por comprender las convicciones de nuestros amigos, aunque no lleguemos a compartirlas, ni a aceptarlas»[6]. Y, por eso, «es preciso que desarrollemos la capacidad de mirar con afecto a las demás personas, hasta verlas con los ojos de Cristo. Necesitamos limpiar nuestra mirada de cualquier prejuicio, aprender a descubrir lo bueno en cada persona y renunciar al deseo de hacerlas a nuestra imagen»[7].

3. *Jesús es amigo personal.* Hay en el Evangelio muchos indicios de que Tú, Señor, no tratas a los hombres como una masa anónima, sino que nos conoces a cada uno y nos llamas por nuestro nombre, con un amor personal, único, distinto, lleno de acentos particulares. Juan, **«el discípulo a quien Jesús amaba»**, así se sentía él, **«estaba recostado en el pecho de Jesús»** (Jn 13, 23): ¡qué gesto de confianza!; aquellas hermanas de Betania te mandan este recado sobre Lázaro: **«Señor, mira, aquel a quien amas está enfermo»** (Jn 11, 3), y cuando rompes a llorar por tu amigo, todos exclaman: **«Mirad cuánto le amaba»** (Jn 11, 35). Como decía aquel obispo vietnamita de Ho Chi Min, que pasó trece años encarcelado: «Jesús no sabe contar más que hasta uno. Jesús no sabe matemáticas. Para Jesús, uno equivale a noventa y nueve, ¡y quizá incluso más! Si se hubiese sometido a un examen de matemáticas, seguro que suspendería»[8]. El Señor siempre presta atención a la

---

[6] San Josemaría, *Surco*, n. 746.

[7] Ocáriz, F., *Carta pastoral*, 1-XI-2019, n. 8.

[8] Cfr. Nguyen van Thuan, F. X., *Testigos de la esperanza*, Ciudad nueva, Madrid 2004, p. 65.

persona que tiene delante, olvidado de lo demás. Como a aquella mujer enferma de flujo de sangre que, camino de la casa de Jairo donde esperaba su hija enferma, le toca el manto y obtiene su curación. Dice Lucas que Jesús se detuvo y preguntó: **«¿Quién es el que me ha tocado?»** (Lc 8, 45), y entonces inicia una entrañable conversación con ella, como si tuviera todo el tiempo del mundo, olvidado de todo lo demás. ¿Cómo voy yo de atención a mis amigos? ¿Dejo lo que estoy haciendo para mirarlos y escucharlos cuando me interrumpen?

Aunque Jesús ofrece su amistad a todos, dedica más tiempo a sus amigos más cercanos: sus discípulos y los hermanos de Betania. «En este hogar aprendemos también que la amistad de Cristo genera una profunda confianza —**"En cuanto María oyó que Jesús venía, salió a recibirle: (...) Señor, si hubieras estado aquí, no habría muerto mi hermano, pero incluso ahora sé que todo cuanto pidas a Dios, Dios te lo concederá"** (Jn 11, 20)— y está llena de empatía: en particular, de capacidad de acompañar en el sufrimiento —**"Jesús rompió a llorar"** (Jn 11, 35)—»[9]. ¿Y nosotros, con nuestros amigos más cercanos, les dedicamos tiempo? ¿Somos capaces de llegar a ese grado de profunda confianza y empatía? ¿Sabemos llorar con ellos? ¿Buscamos estar con ellos?

4. *Jesús es un amigo generoso y sacrificado.* Ya hemos visto, Señor, cómo todo lo tuyo pasa a segundo plano cuando alguien te busca o te necesita: tu cansancio —**«Fatigado del viaje»**, te habías **«sentado en el pozo»** (Jn 4, 6), y entonces llega aquella mujer samaritana, con la que entablas una larga conversación—, tu

---

[9] Ocáriz, F., *Carta pastoral*, 1-XI-2019, n. 8.

comida —«**Ni siquiera tenían tiempo para comer**» (Mc 6, 31), dice significativamente Marcos, ante las muchedumbres—, tu sueño —«**Nicodemo fue a Él de noche**» (Jn 3, 2), dice Juan, y Tú le atendiste—. Estás siempre disponible. Jairo te pide que vayas a su casa, y vas (Cfr. Lc 8, 41). Se puede contar contigo en cualquier situación. No te excusas. ¿Y yo, me excuso, o sé también ser generoso hasta el final? ¿Qué es lo primero para mí, lo que está en primer plano: mis amigos o yo?

Recuerdo una anécdota de hace muchos años. Ocurrió en la Escuela Naval Militar, en Marín. Hay allí una pista militar (ese recorrido serpenteante lleno de obstáculos como fosos, tablas, redes, etc.) que, además de servir para hacer castigos —una, dos, tres «pistas» en tu tiempo libre—, era una de las pruebas físicas mínimas para pasar de curso. Para aprobar había que pasarla en menos de, pongamos, cinco minutos (no lo recuerdo bien), pero cuanto menos tiempo se tardara mejor nota se obtenía. El mejor de mi curso era un guardiamarina, el «Mono», que la hacía en dos minutos y medio: era un superdotado físicamente e iba «sobrado». Su tiempo constituiría un récord nacional, pero nunca había sido posible homologarlo. Hasta que llegó el día en que se dieron las condiciones para poder hacerlo. Había una gran expectación. Le tocó pasarla (se pasa de dos en dos, en paralelo) precisamente con otro guardiamarina que no estaba muy en forma y tenía serias dificultades para hacerla. Se dio la salida y arrancaron los cronómetros. El «Mono», como una exhalación, pronto dejó atrás al otro, iba pasando los obstáculos con tal agilidad que, en una de las vueltas y revueltas de la pista, se cruzó con el otro guardiamarina, que claramente se veía que no iba a ser capaz de pasar la pista en el tiempo mínimo. Cruzaron una mirada.

La gente aplaudía al «Mono», pero, ante la sorpresa general, empezó a aflojar el ritmo, se paró, dio la vuelta, y empezó a ayudar a superar los obstáculos al otro, mientras le animaba a su lado. Así recorrieron toda la pista, juntos, ante un silencio total. Al llegar a la meta, los jueces dieron el tiempo: cinco minutos justos. Probablemente pasaron de esos cinco minutos, pero fue un homenaje a la amistad generosa del «Mono». Y ese fue el tiempo que tuvo el mejor de nosotros en la pista militar: el mismo que el peor, un aprobado «pelao». Pero salvó al otro de suspender la prueba. Esto es la amistad... ¿Cómo ando yo de generosidad para sacrificarme por mis amigos?

5. *Jesús es un amigo fiel*. No fallas jamás, Señor. No rechazas a un amigo. No lo tachas de tu lista nunca. Incluso en la decepción. En ese momento terrible de la Oración en el Huerto de Getsemaní, nos dice Marcos que Jesús **«se llevó consigo a Pedro, Santiago y Juan, y comenzó a afligirse y sentir angustia. Y les dice: "Mi alma está triste hasta la muerte. Quedaos aquí y velad" (...). Vuelve y los encuentra dormidos, y le dice a Pedro: "Simón, ¿duermes? ¿No has sido capaz de velar una hora?"»** (Mc 14, 32-36). Y pocos minutos después los defenderá ante los soldados: **«Dejad marchar a estos»** (Jn 18, 8). Todos huyen, llevan a Jesús a la casa de Caifás. Pedro está calentándose en la hoguera y le traiciona tres veces, Jesús se vuelve y le dirige una mirada de amigo que le hace llorar amargamente (cfr. Lc 22, 61-62). Más adelante, Jesús resucitado se aparecerá a los Apóstoles, les mostrará las manos, les deseará la paz, les ofrecerá pescado en la orilla, buscará su amistad. Y a Pedro le dará la oportunidad de decirle por tres veces: **«Señor, tú lo sabes todo, tú sabes que te quiero»** (Jn 21, 17). Ni

siquiera a Judas, le retiras tu amistad tras su traición: **«Amigo, ¿a qué has venido?»** (Mt 26, 50), le dices, en un último intento de recuperarle... ¡Qué tristeza debió causarte su final desesperación y suicidio!

Como es un amigo fiel, Jesús no abandona jamás a sus amigos, va a buscarlos donde haga falta: **«Ese mismo día, dos de ellos se dirigían a una aldea llamada Emaús (...) El propio Jesús se acercó y se puso a caminar con ellos, aunque sus ojos eran incapaces de reconocerlo. Y les dijo: "¿De qué veníais hablando entre vosotros por el camino?". Y se detuvieron entristecidos. Uno de ellos, que se llamaba Cleofás, le dijo: "¿Eres el único forastero en Jerusalén que no sabe lo que ha pasado allí estos días?" Él les dijo: "¿Qué ha pasado?": Y le contestaron: "Lo de Jesús el Nazareno, que fue un profeta poderoso en obras y palabras delante de Dios, y ante todo el pueblo"»** (Lc, 25, 13-19). Y empieza así ese diálogo, lleno de delicadeza, que iluminará sus entendimientos, volverá a hacer arder sus corazones e infundirá esperanza a sus almas, recuperándolos para la incipiente Iglesia congregada junto a los Once en el Cenáculo: **«Al instante se levantaron y regresaron a Jerusalén, y encontraron reunidos a los once y a los que estaban con ellos»** (*Ibidem*, 33).

Escribía el papa Francisco: «La amistad con Jesús es inquebrantable. Él nunca se va, aunque a veces parece que hace silencio. Cuando lo necesitamos se deja encontrar por nosotros y está a nuestro lado por donde vayamos. Porque Él jamás rompe una alianza»[10].

---

[10] Francisco, Exhortación postsinodal *Christus vivit*, 25 de marzo de 2019, n. 154.

Señor: ¿Cómo soy yo de fiel en la amistad? ¿Abandono a mis amigos en la decepción? ¿O sé ofrecerles la mano, darles otra oportunidad? ¿Sé buscar su amor y ofrecerles el mío? Señor, que nunca deje en la estacada a mis amigos. Que no deje nunca a nadie atrás.

Y si alguna vez nos cuesta, pensemos en estas palabras de santa Teresa de Ávila: «Con tan buen capitán —Nuestro Señor Jesucristo—, que se puso en lo primero en el padecer, todo se puede sufrir. El ayuda y da esfuerzo, nunca falta, es amigo verdadero»[11]. Él nos ha dado ejemplo de amistad y nos ha abierto el camino, para que nosotros lo recorramos.

Acudimos a la Virgen y a san José, de quien Jesús aprendió, en lo humano, el valor de la amistad. Les pedimos que, a través de nuestra amistad, las personas que nos rodean descubran el amor de Cristo por ellas.

---

[11] Santa Teresa, *Vida*, Cap. 22, 6.

5. APRENDER A AMAR CON EL CUERPO

«Cuidado con que nadie os engañe»

San Juan recoge unas palabras sorprendentes del Señor, pronunciadas justo después de promulgar la ley del amor (cfr. Jn 15, 17). Dicen así: **«Si fuerais del mundo, el mundo os amaría como cosa suya; pero como no sois del mundo, sino que yo os escogí del mundo, por eso el mundo os odia»** (*Ibidem*, 19). ¿Cómo es posible? ¿Cómo que no somos del mundo, Señor? Quizás una respuesta es que no somos *solo* del mundo y, por tanto, que no somos «*solo* mundo». Es decir, no somos *solo* materia. Tenemos ese chispazo divino, ese **«aliento de vida»** (Gen 2, 7) insuflado por Dios en un puñado de **«polvo de la tierra»** (*Idem*). Somos algo divino, cada persona es «**imagen de Dios**» (Gen 1, 27), con todo su ser. Nuestro cuerpo no es pura materia, es un cuerpo espiritualizado. Con él y en él se expresa el alma inmortal, el aliento divino, la imagen de Dios. El cuerpo es capaz de hablar con o sin verdad, es capaz de expresar una belleza inefable.

Recuerdo muy bien algo que sucedió hace muchos años, cuando yo era un joven estudiante de bachillerato. Vivíamos en San Fernando, y entre mi grupo de amigos estaba el hermano mayor de una chica que hoy es una famosa bailaora de flamenco, pero que entonces aprendía a bailar en una escuela de flamenco que tenía la madre, y a la que acudían muchos otros jóvenes de mi ambiente. Un día fuimos a ver un espectáculo de baile, yo estaba sentado al lado de mi amigo. Su hermana, que ya entonces destacaba, salió al tablao. Y a mitad del baile, mi amigo inclinó su cabeza hacia mí, y sin dejar de mirar a su hermana, señalando con un gesto, me dijo cuatro palabras: «¿Has visto? ¡Existe Dios!». La belleza del cuerpo humano animado por un espíritu «divino», nos muestra la belleza escondida de Dios, nos señala a Dios.

Pero aún hay más: el cuerpo humano animado por el chispazo divino es, también, capaz de amar de un modo que muestra el amor escondido de Dios por nosotros. Sin embargo, después de la pérdida de armonía que trajo consigo el pecado original, eso ya no sale solo. Hay que enseñar al cuerpo a hacerlo, hay que enseñarle a amar. Y eso es la virtud de la santa pureza, o castidad: no es primariamente la negación de la pasión o la negación de los impulsos del cuerpo, sino su vivificación e integración en ese algo divino que late en nosotros. No somos solo animales: «**No sois del mundo**» (Jn 15, 17), nos decía Jesús.

Nadie tiene una visión más positiva del cuerpo que los cristianos. «**¿O no sabéis que vuestro cuerpo es templo del Espíritu Santo, que está en vosotros y habéis recibido de Dios, que no os pertenecéis? (...) Glorificad, por tanto, a Dios en vuestro cuerpo**» (1 Cor 6, 19-20). A ese Dios que es Amor (cfr. 1 Jn 4, 8) y del que somos imagen y semejanza (cfr. Gen 1, 26-27).

«**El mundo os odia**» (Jn 15, 19), nos advierte Jesús: una palabra, «mundo», que en los escritos de san Juan se emplea, no para referirse el conjunto de lo creado, que vio Dios que **«era muy bueno»** (Gen 1, 31), sino para designar ese matiz negativo de «mundano», como opuesto al amor de Dios, y representado, entre otros pecados, por la concupiscencia de la carne (cfr. 1 Jn 2, 15-17). **«El mundo os odia»** (Jn 15, 19). Hay una lucha constante entre *ese* mundo y el mundo *de Dios*, que es muy bueno; entre ese mundo y la gracia, entre la visión mundana y la visión divina.

Ese combate es especialmente evidente en algunos campos: primero, en el del respeto a la vida humana; y, segundo en el de la sexualidad, donde la presión del ambiente, del «mundo», es fortísima hoy en día. ¡Bien lo sabemos, Señor! Ese «mundo mundano» alejado de Ti, odia, quizás por desconocimiento, la visión positiva, bonita, transcendente y respetuosa con la persona, de la sexualidad humana. Hace ya mucho que una chica me contaba que, en su nuevo lugar de trabajo, sus compañeros estaban continuamente hablando de sexo, de una manera sucia y torcida. Ella aguantó varios días, hasta que un día ya no pudo más y saltó, quizás con demasiada fuerza: «¡Ya está bien! ¡Estoy harta de oíros tratar este tema como si fuerais animales!». Se hizo un silencio, y uno de los compañeros le retó: «Bueno, pues danos tu opinión del sexo». La chica se lanzó, y estuvo hablando durante un buen rato de lo bonito de vivir un noviazgo limpio, de unir siempre el sexo al amor incondicional dentro del matrimonio, etc. Al acabar, de nuevo se hizo un silencio, hasta que otro de los compañeros le dijo: «Con esas ideas, creo que te vas a quedar soltera». Así piensa ese «mundo mundano».

Para los que ven todo de manera hedonista, limitada, es lógico que vivir bien la santa pureza parezca algo insoportable, imposible de aguantar. Del mismo modo que, para quien está acostumbrado a vivir en una pocilga, el olor a colonia puede ser insufrible. Pero, en realidad, es justamente al revés: la santa pureza es belleza no caduca que atrae, es amor encarnado que llena el alma de gozo. Y mucha gente lo intuye. De hecho, lo más gracioso de la última anécdota es que, al poco tiempo, la chica empezó a salir con uno de sus compañeros, que se sintió atraído por la verdad y belleza que descubrió en sus palabras.

Un padre me contó una vez con orgullo sano cómo su hijo tenía una compañera en la universidad que le perseguía constantemente, y un día le propuso ir a su piso y pasar la noche con ella. Él le dijo que no, y le explicó largo y tendido cuál era su visión de la sexualidad y el noviazgo, una visión que coincidía, básicamente, con las enseñanzas de san Juan Pablo II en su Teología del Cuerpo. Cuando terminó, la chica, admirada, le contestó: «Mira, no he entendido nada, pero si consigues vivir como has dicho vas a ser serás muy feliz». En otra ocasión, un guardiamarina llegó de madrugada a la camareta donde estaba durmiendo un compañero. Eufórico (y un poco «perjudicado» por el alcohol) le despertó: «Acabo de conocer a la mujer con quien me voy a casar». El otro, molesto por haber sido arrancado de su sueño, le contestó con un ataque a sus costumbres: «¿Y qué has hecho?, ¿lo de siempre, acostarte con ella?». El «perjudicado», sobrio de golpe, agarrándole del pijama, le contestó: «¿Pero qué dices? Te he dicho que ésta va a ser mi mujer y la madre de mis hijos: con ella *eso* ni se me ocurre». Lo curioso de esta historia es que el guardiamarina cumplió ambas cosas: se casó con ella sin haber tenido relaciones. Es un buen ejemplo, de cómo, incluso en una persona un poco embrutecida, puede quedar un anhelo de bondad y belleza, de amor verdadero, que incluya al cuerpo. Señor, ¡cómo me gustaría que el mundo entendiera esto! ¡Cómo me gustaría que la sociedad, la cultura, los medios de comunicación, descubrieran y respetaran la belleza y dignidad del cuerpo humano! ¡Cómo me gustaría que todas las personas tuvieran la experiencia beatificante de un amor verdadero, que les llevara a descubrir tu Amor infinito!

«El mundo os odia» (Jn 15, 19), nos dices, Señor: os odia y os combate. Pero ese combate es, también y sobre todo, interior. ¡Cómo me doy cuenta, Jesús! El frente pasa por mi corazón. La lucha está dentro de mí. Por una parte, está el «tirón» del placer y de los instintos, en contra de la razón, que nos hace renegar de la grandeza del cuerpo y de la sexualidad, siempre al servicio del amor. Todos podemos notar esta mala inclinación. Lo refleja bien aquel viejo chiste, un tanto cruel, en el que están dos amigos hablando, y uno le dice al otro: «Estoy preocupado, porque me gustan todas las mujeres, menos la mía». Y el amigo le contesta: «No te preocupes, a los demás nos pasa lo mismo: nos gustan todas las mujeres, menos la tuya»...

Por otra parte, Señor, está también el instinto de agradar: me halaga que me miren y me admiren. Y, cuando lo exagero, puedo poner mi cuerpo y lo que con él se relaciona (ropa, cuidados, etc.) al servicio de este deseo vano de ser el centro, en vez de ponerlo al servicio del amor y la entrega verdaderas. Puedo, incluso, acabar como Judas, preguntado: **«¿Qué estáis dispuestos a darme, si os lo entrego?»** (Mt 26, 14). ¿Me daréis la fama y el prestigio, el honor y la gloria, si cedo, si renuncio a mis convicciones? ¡No me permitas traicionarte por tan poco, Señor! Bien sé que, pronto, me llenaría de remordimientos y tristeza. No se puede sacrificar la conciencia en el altar del «eros»[1].

Por tanto, hemos de ser sinceros y claros en la confesión y dirección espiritual, y reconocer nuestros errores, para aprender a luchar y vencer esta batalla contra nosotros mismos. «La castidad implica un aprendizaje del dominio de sí, que es una pedagogía de la libertad humana. La alternativa es clara: o el hombre controla sus pasiones y obtiene la paz, o se deja dominar por ellas y se hace desgraciado»[2].

El combate entre la visión del mundo y la visión de Dios de la sexualidad puede hacerse particularmente intenso en el noviazgo. El noviazgo está para conocerse y aprender a amar. Empieza por una atracción física, que no es mala, pero es poco. El amor tiene que ir ascendiendo y conquistando otras dimensiones de la persona: la dimensión afectiva (sentimientos y psique), la dimensión personal (se empieza a amar a la persona como tal, no sus cualidades físicas o afectivas) y la dimensión espiritual o religiosa (se descubre el misterio de Dios en la otra persona)[3]. Esto quiere decir que lo que se necesita para casarse con una persona es tener tema de conversación para setenta años —conocerse y quererse como personas—, no solo ni principalmente el atractivo físico. Pero, si metemos mucho ruido abajo, en las primeras dimensiones —la física y la afectiva—, difícilmente ascendemos a las superiores, la personal y la espiritual.

---

[1] El "eros" es el dios griego del amor erótico.

[2] *Catecismo de la Iglesia Católica*, n. 2339.

[3] Cfr. BRAGE, J., *El equilibrio interior. Placer y deseo a la luz de la templanza*, Rialp, Madrid 2016, pp. 78-84.

Por eso tener relaciones sexuales antes de tiempo, es decir, antes de casarse, enmascara la cualidad del amor, porque dificulta subir esos peldaños sucesivos. Se mete una «bomba» —el placer erótico— en las dimensiones física y afectiva, y se olvidan las otras dimensiones. Se casan los cuerpos, pero no las almas. No se aprende a respetar al otro. No se conoce bien su alma. Se pierde ternura. Muchos de los malentendidos de la pareja se «cierran» en falso, tras un momento de intimidad, en vez de hablarlos a fondo. Recuerdo un estudiante de ingeniería que decidió dejar de tener relaciones con su novia, hasta ese momento algo habitual en ellos. No sabia muy bien como decírselo, pues temía su reacción. Le sugerí que el siguiente fin de semana que fuera a verla pensara muchos planes para hacer juntos: una excursión, un paseo, ir juntos a ver un museo, o un concierto, o al teatro, etc. Pasar mucho tiempo juntos, pero haciendo otras cosas. Y ver qué pasaba. Al regresar, me dijo: «No se lo va a creer. Hice lo que me aconsejó. No paramos de hacer cosas, pero no tuvimos relaciones. Yo estaba un poco preocupado de lo que ella pensaría. Pero, el domingo, en la estación para coger el tren de vuelta, ella me dio un beso y me dijo: "Ha sido un fin de semana estupendo. Muchas gracias"».

Lo mejor del noviazgo es que se puede cortar. Y la santa pureza es libertad. No te hagas esclavo o esclava del otro. Mantente libre. No te entregues hasta que te entregues (matrimonio). Siempre estás a tiempo. No pienses: es que me voy a casar con él (o con ella). No lo sabes hasta que te hayas casado. Espera. ¿Cuántas parejas de novios conoces que pensaban así, y luego cortaron? Si no, te puede ocurrir que estés teniendo lo más íntimo que se puede tener, relaciones sexuales, con una persona distinta de la que te vas a casar. Es cuestión de estadística. Y si te parece que vas a perder al otro por no acceder a tener relaciones, di no. Si el otro corta, te has librado de una persona interesada, que ya sabes lo que buscaba. Si sigue adelante, has conseguido que te respete. Siempre ganas.

«Pero ¿y si lo hacemos por amor?», pregunta mucha gente, «¿acaso no es lo mismo que estando casados?». No estáis casados. No se dan las garantías necesarias para asegurar un entorno de amor incondicional donde la entrega total de la persona que expresa el acto sexual sea verdadera. En vuestro caso, no es solo amor, porque el amor no miente nunca, y vosotros lo hacéis, aunque sea sin querer. No se ha dado esa entrega de uno al otro y para siempre. No es real. Imagina que quieres comprar una casa, y un año antes de la firma de la compraventa ante el notario, llamas a la puerta o le pides las llaves al dueño, para meter tus muebles. ¿Te dejaría? ¿Bastaría tu disculpa de: «Es que la voy a comprar»? No. Te diría: «Pues espera a haberla comprado».

Tú, Señor, poco antes de tu Pasión, hiciste una serie de advertencias importantes, pensando en el futuro, a tus discípulos. Una de ella fue esta: **«Cuidado con que nadie os engañe»** (Lc 21, 8). Y nos lo dices ahora a nosotros: «No os dejéis engañar por el mundo. No os dejéis engañar por esos que, en nombre del amor, sacrifican la verdad. Sí, mi querido Juan escribió, con razón, que Dios es amor, pero el amor no es Dios. Y yo dije de mí que soy la Verdad». **«Cuidado con que nadie os engañe»**.

A veces se llama amor a cada cosa... Como en aquel chiste, en el que una mujer pregunta a otra: «Oye,

¿tu marido se casó contigo por amor o por interés?».
La mujer piensa unos segundos y responde: «Yo creo
que por amor, porque interés no tiene ninguno». El
amor es la entrega incondicionada de uno mismo por
el bien de la persona amada. Si amas de este modo,
entregarás tu tiempo, tu dinero, tu trabajo, todo lo
que tienes, por aquel que amas. Pero no lo entregues
indiscriminadamente: entrégalo solo por el bien de la
persona amada. Entregarse para complacer al otro no
siempre es amor verdadero, ya que lo que agrada no es
necesariamente lo que es bueno. **«Cuidado con que
nadie os engañe».** Piensa en el padre que dice «no»
al hijo que le pide un Ferrari al cumplir los 18 años: le
está demostrando su amor. La joven que dice «no»
a su novio (o el joven a la novia), cuando le pide una
relación deshonesta, le está demostrando su amor.

Pienso ahora en aquellas palabras tuyas, Señor,
hablando del pecado de escándalo, que consiste, no
en lo que nosotros entendemos normalmente como
escándalo, sino en el mal ejemplo o la incitación a otros
con palabras u obras a ofender a Dios. Te lamentas de
esos escándalos, y dices: **«¡Ay de aquel por quien
vienen! Más le valdría que le ajustaran al cuello
una piedra de molino y que le arrojaran al mar (…):
andaos con cuidado»** (Lc 17, 1-3). ¡Lejos de nosotros
tal cosa! Señor, haznos fuertes, enséñanos a amar. Es
decir, enséñanos a decir no. ¡Cómo se entiende aquel
punto de Camino: «Acostúmbrate a decir que no»[4]!

«Cuidado con que nadie os engañe». ¡Cuántas
personas, con ocasión de un noviazgo en el que
se anticipan las relaciones sexuales, comienzan

---

[4] San Josemaría, *Camino*, n. 5.

alegremente un «viaje interior» que promete diversión y felicidad, pero que acaba dejando fuera a Dios de sus vidas! Así me lo decía una chica: «En este viaje, he perdido a Dios... ¡y cómo lo echo de menos!».

«Bienaventurados los limpios de corazón, porque verán a Dios» (Mt 5, 8). Son palabras clarísimas. ¿Quieres *ver* a Dios? Pues sé limpio de corazón. ¿Si no procuras vivir limpiamente el amor, cómo vas a *ver* a Dios en la oración, por ejemplo? Aristóteles decía que para descubrir la verdad práctica hay que estar en ella, y para descubrir el error práctico, no estar en él. Es muy difícil convencer a alguien que tiene esa visión «mundana» de la sexualidad de que está en el error, mientras viva de acuerdo con ella. En cambio, cuando se vive de acuerdo con la visión de Dios, que es la verdadera, es muy fácil descubrir la maravilla de amor que encierra.

«Cuidado con que nadie os engañe». Hay otro modo en el que el mundo intenta confundirnos: burlándose del pudor. «El pudor es la virtud que protege con elegancia nuestra intimidad, para que no sea desvelada a ojos indignos de ella, es decir, para quienes no nos aman»[5]. A la vez que vela a la persona, cubriendo parte de su cuerpo, evita las miradas «cosificadoras» y permite un diálogo y una relación más personal. Recuerdo un chico joven que, en el trabajo, le dijo a una compañera que vestía muy provocadoramente, enseñando mucho[6]: «Alguien tan

---

[5] Brage, J., *El equilibrio interior*, p. 117.

[6] Esto me recuerda una anécdota que es casi un chiste. Un bedel navarro de universidad, en cierta ocasión advirtió a una joven recién llegada, con una ropa más apropiada para la playa que las aulas: «Oiga, señorita, que a la universidad se viene a aprender, no a enseñar».

guapa como tú no necesita vestirse así. Tienes mucho más que ofrecer, así vestida ningún chico logrará descubrir tu personalidad». La chica se ofendió, y le dio una bofetada. Pero es verdad: ¿por qué quieres ser recordada?, ¿por tu ombligo, tus piernas... o por tu personalidad? ¿A quién atraes tú? El bien atrae: y la belleza de una chica limpia atrae. No seamos tontos. No te dejes engañar. **«Cuidado con que nadie os engañe»**. Viste bien, con elegancia, como Templo del Espíritu Santo.

¿No has oído alguna vez: «Menganita (o Fulanito) es un ángel?». «Muchos viven como ángeles en medio del mundo. — Tú... ¿por qué no?»[7] ¿Por qué no yo, Señor? Yo quiero vivir así, quiero encarnar esas palabras de san Pablo: **«El amor es paciente (...), no busca lo suyo (...), se complace en la verdad (...) todo lo espera»** (1 Cor 13, 4 y 7). Quiero aprender a amar con el cuerpo: amar a Dios, por supuesto, pero también a esa persona que será mi mujer o mi marido, que quizás aún no conozco. Quiero tener un amor capaz de aprender a esperar. No quiero escuchar aquel reproche que un amigo dijo a otro: «Esa persona es de Dios y te has apropiado de ella antes de tiempo». Quiero tener un amor limpio, grande, divino... **«No sois del mundo»**.

¿Cómo se lucha en la santa pureza? Es decir, ¿cómo se educa el cuerpo para amar? Llenando el corazón de amor a Dios y a los demás. «A olla que hierve, no se acercan moscas», dice el refrán. Reza, haz oración, lucha en pequeños detalles de amor a Dios, a la Virgen y a los demás. Sacrifícate por ellos. Hace ya muchos años, siendo un joven guardiamarina de la Armada

---

[7] San Josemaría, *Camino*, n. 122.

Española, tuve la ocasión de embarcar en un crucero americano, el *Thomas Gates*, de la clase AEGIS. Era uno de los barcos más modernos del mundo en todos los aspectos. Un prodigio de la tecnología. Me extrañó que, para entrar en el interior, había dos puertas y un espacio pequeño en medio con rociadores de agua. La puerta que daba al interior del barco no se podía abrir mientras no cerraras la que daba al exterior, y se igualaran las presiones (oías un silbido) entre el exterior y el interior. Me explicaron el por qué: cuando acabaron el primer buque de la clase, se dieron cuenta que, a pesar de su tecnología y precio desorbitado, estaba indefenso ante un ataque NBQ (Nuclear, Bacteriológico, Químico), pues las partículas o microbios podían penetrar en el interior y matar la tripulación. Intentaron sellar todas las rendijas por donde podrían colarse, pero fue imposible. Al final, tuvieron una idea que funcionó: crearon una sobrepresión en el interior del barco respecto a la atmósfera. De este modo, el aire *sale* por las rendijas y grietas, en vez de entrar. Y el barco queda aislado de las partículas y microbios. Señor, que te quiera tanto a Ti y a los demás, que tenga una presión interior tal, que no entren dentro de mí estas cosas que son incompatibles con tu Amor, y nocivas para mi salud espiritual.

Pero, además, en este campo de la santa pureza conviene ser prudente. No sé si has visto la película *Black Hawk derribado*[8]. En una escena (y cuidado que es un *spoiler*) se ve a un soldado quitando la placa de blindaje de la espalda de su chaleco antibalas, porque pesa demasiado y «no piensa dar la espalda

---

[8] "Black Hawk Down", película norteamericana dirigida por Ridley Scott y estrenada en 2001.

al enemigo» (*sic*). Poco tiempo después, recibe un disparo precisamente por la espalda y muere... No estemos tan seguros de nosotros mismos. Protejámonos. Evitemos las ocasiones: coches, pisos, algunas discotecas, alcohol, ocio, navegación insustancial en internet, series y películas sucias, pérdidas de tiempo, curioseo inútil, etc. Y si la pasión se enciende, cortemos radicalmente con lo que la enciende —otra persona, una conversación, algo que estamos viendo, un pensamiento al que damos vueltas en la imaginación, recuerdos pasados, etc.—. Jesús nos lo advirtió claramente: **«Si tu ojo derecho te escandaliza, arráncatelo y tíralo; porque más te vale que se pierda uno de tus miembros que no que todo tu cuerpo sea arrojado al infierno»** (Mt 5, 29). A veces, hay que sacrificar una parte por el todo: renunciar a algo —incluso bueno— para mantener nuestro amor limpio.

Más aún: con la ayuda del Señor y de la Virgen, no pases ni cerca de lo que sabes que te puede llevar a caer, de lo que puede desintegrar tu vida interior. Es costoso dar un rodeo, pero no hacerlo es correr un gran peligro, como explicaba el *Werther* de Goethe con esta metáfora: «Sabía mi abuela un cuento de una montaña de imán: los bajeles que se acercaban demasiado perdían de pronto todo el herraje; los clavos volaban hacia la montaña, y los pobres marineros perecían entre las tablas, que se iban sumergiendo unas tras otras»[9]. Y una última cosa: huye rápido, rechaza pronto esa tentación, no sé si sabes que el 90 % de la radioactividad tras una explosión nuclear se produce

---

[9] GOETHE, W., *Werther*, Rtv n. 15 Salvat, Barcelona 1969, p. 64.

en los primeros segundos. Ocultarte y protegerte con rapidez puede salvarte la vida.

Le pedimos a la Virgen que nos ayude a aprender a hablar con el cuerpo de manera veraz, sin mentiras, quizás rezando esa oración, el «Bendita sea tu pureza»:

Bendita sea tu pureza
y eternamente lo sea,
pues todo un Dios se recrea
en tan graciosa belleza.
A Ti, celestial Princesa,
Virgen Sagrada María,
yo te ofrezco en este día
alma, vida y corazón.
Mírame con compasión,
no me dejes, Madre mía.

6. AMOR HERIDO

«Como la sopera de barro, rota y con lañas»

Uno de los más antiguos Padres de la Iglesia escribe: «Mi amor está crucificado»[1]. Esta afirmación se puede entender en el sentido de que su amor se dirige a Cristo crucificado; pero se puede entender también en el sentido de que su mismo amor está marcado por la Cruz: es un amor que está herido, marcado por la imperfección. Cuando Tú, Señor, te presentas al atardecer del domingo de Resurrección en medio de tus discípulos, encerrados **«por miedo a los judíos»**, les dices: «La paz esté con vosotros», y Juan añade algo muy significativo: **«Y dicho esto les mostró las manos y el costado»**. Les enseñas las heridas que son prueba de tu amor, pero a la vez, señal de su traición y desamor. Tu Amor a nosotros, Jesús, está herido por nuestra miseria e imperfección. ¿Cómo no va a estar mi amor también herido, no solo por la imperfección de los demás, sino por la mía propia? ¿Significará esto que un amor herido no es un amor verdadero? En absoluto. Anota Juan: **«Al ver al Señor, los discípulos se alegraron»** (Jn 20, 19-20). Aquellos hombres, con sus fragilidades, realmente te amaban, Señor. El amor humano siempre es amor herido.

¡Cuántas promesa de felicidad encierra el amor! Y, sin embargo, ¡cuánto sufrimiento produce en los

---

[1] San Ignacio de Antioquía, *Carta a los Romanos*, c. 7.

amantes! Amar duele. No solo por culpa de los otros, también por nuestra culpa. No sabemos amar como querríamos. Nuestra mezquindad y egoísmo, los celos o, simplemente, la ignorancia, tantas veces nos traicionan. Aun queriendo hacer el bien, fallamos, y hacemos daño a quienes más amamos. Se rompe esa imagen ideal de nuestro amor en mil pedazos. Luego viene la rabieta. Nos enfadamos por no haber estado a la altura de nuestro amor. Y ese enfado aún estropea más las cosas. Como un niño que está intentando hacer un dibujo, y al no salirle como quiere, se enfada, lo pintarrajea todo, se pone de morros, y dice que ya no quiere dibujar. No sabemos perdonarnos y perdonar con humildad. Y volver a empezar. Aceptar que somos pobres criaturas, y nuestro amor, en esta tierra, siempre es un amor herido por la imperfección propia, y muchas veces, ajena.

En 1972, regalaron a san Josemaría en Portugal una vieja sopera de cerámica popular, muy usada. Se veía que la base se había roto, y la habían arreglado con muchas lañas, esos trozos de alambre que mantienen unidos las piezas, dando al conjunto la apariencia de una especie de cremallera gigante. Además, como adorno, habían escrito en su borde: «Amo-te, amo-te, amo-te». Aquella imagen le conmovió y, al recordarla, explicaba: «Es una cosa vulgar, pero a mí me encantó (...) Me pareció que aquella sopera era yo. Hice oración con aquel cacharro viejo, porque también yo me veo así: como la sopera de barro, rota y con lañas, y me gusta repetirle al Señor: con mis lañas ¡te quiero tanto! Podemos amar al Señor también estando rotos, hijos míos»[2].

---

[2] Relato escrito por D. Javier Echevarría, citado en: URBANO, P., *El hombre de Villa Tevere*, Planeta, Barcelona 2008, p. 372.

¡Qué bien lo entendió Pedro! Después de su traición en casa de Caifás aquella triste noche de la detención de Jesús, le vemos con el Señor resucitado junto al mar de Galilea. Jesús le pregunta primero: **«Simón, hijo de Juan, ¿me *amas* más que éstos?»**, y Pedro le responde rebajando con humildad un grado el verbo empleado, de amar a querer, consciente de que su amor había sido herido por su traición: **«Sí, Señor, tú sabes que te *quiero*»**. Por segunda vez, Jesús, le pregunta: **«Simón, hijo de Juan, ¿me *amas*?»**, esta vez quitando la referencia a los demás, y Pedro contesta: **«Sí, Señor, tú sabes que te *quiero*»**. Y la tercera vez, Jesús le pregunta sencillamente: **«Simón, hijo de Juan, ¿me *quieres*?»**, como si quisiera dar a entender que acepta y se conforma con ese amor de menos calidad, manchado por el pecado. Y entonces, Pedro, plenamente consciente de que su amor es pobre, se entristece de no poder hacer más, y con humildad responde: **«Señor, tú lo sabes todo. Tú sabes que te *quiero*»**. Y al Señor le bastará ese amor herido, reparado con las lañas de la contrición, para confirmarle como el primer Papa de la historia: **«Apacienta mis ovejas»** (Jn 21, 15-17). Igual hace contigo y conmigo.

Hay otro personaje en el Evangelio que es una bella imagen del amor herido: María Magdalena. Durante muchos siglos se la identificó con la mujer pecadora que Lucas indica que ungió al Señor en casa del fariseo. Hoy no está tan claro. No obstante, vamos a asumir la identidad de ambas mujeres, como tantos Padres de la Iglesia han hecho en el pasado, por mor del argumento. De ser cierta esta identificación, María Magdalena entra en escena en el Evangelio de la mano de Lucas: **«Uno de los fariseos le rogaba [a Jesús] que comiera** con él; y entrando en casa del fariseo se recostó a la mesa. Y entonces una mujer pecadora que había en la ciudad, al enterarse que estaba sentado a la mesa en casa del fariseo, llevó un frasco de alabastro con perfume, y por detrás se puso a sus pies llorando; y comenzó a bañarle los pies con sus lágrimas, y los enjugaba con sus cabellos, los besaba y los ungía con el perfume» (Lc 7, 36-38).

¿Qué historia encerraría esa mujer en su corazón? ¡Cuántas culpas! ¡Cuántos extravíos! ¡Cuánto sentimiento de indignidad! Pero supo encontrar su camino hacia Jesús de esa manera preciosa. Sin duda amaba a Jesús, el mismo lo dirá más adelante («**Le son perdonados sus muchos pecados, porque ha amado mucho**»), sin embargo, su amor no tiene esa libertad intrépida y familiar de quien no ha perdido nunca su camino. Esta mujer permanece detrás, no osa ni alzar la vista o el rostro a Jesús, le basta quedarse a sus pies, no habla, llora y suspira, da todo lo que tiene, pero sin atreverse a pedir nada. Sabe que su amor, habiéndose extraviado, ha de volver dando grandes rodeos, y ha de temblar, y ha de alejarse, y ha de llorar y reparar sus faltas con su confusión. No es como el amor de María de Betania, que derrama de frente el perfume sobre su cabeza (cfr. Mc 14, 3). Este amor de Magdalena es el amor herido, compungido, penitente. El mío, Señor, el de cada uno de nosotros.

Así lo expresaba un sermón francés del siglo XVII rescatado por Rainier María Rilke en 1911 en un anticuario parisino: «El amor une, el pecado distancia, pero el amor penitente participa de ambos. Magdalena corre a Jesús: eso es amor; Magdalena no osa acercarse a Jesús: eso es pecado. Entra intrépida: eso es amor; se acerca temerosa y confusa: eso es pecado. Perfuma los pies de Jesús: eso es amor; los riega con sus lágrimas: eso es pecado. Esparce y prodiga su cabello: eso es amor; para enjugar los pies de Jesús, eso es pecado. Es ávida e insaciable: eso es amor; no osa pedir nada: eso es pecado. Pero llora, pero suspira; pero mira; pero calla: eso es a un tiempo amor y pecado. ¡Qué amable es el amor penitente en sus osadías sumisas, en sus libertades reprimidas y en sus licencias temblorosas!»[3].

Volvamos a la escena que nos cuenta Lucas:

> Al ver esto el fariseo que le había invitado, se decía: «Si éste fuera profeta, sabría con certeza quién y qué clase de mujer es la que le toca: que es una pecadora».
> Jesús tomó la palabra y le dijo:
> —Simón, tengo que decirte una cosa. Y él contestó:
> —Maestro, di.
> —Un prestamista tenía dos deudores: uno le debía quinientos denarios y otro cincuenta. Como ellos no tenían con qué pagar, se lo perdonó a los dos. ¿Cuál de ellos le amará más?
> —Supongo que aquel a quien perdonó más —contestó Simón.
> Entonces Jesús le dijo:
> —Has juzgado con rectitud.
> Y vuelto hacia la mujer, le dijo a Simón:
> —¿Ves a esta mujer? Entré en tu casa y no me diste agua para los pies. Ella en cambio me ha bañado los pies con sus lágrimas y me los ha enjugado con sus cabellos. No me diste el beso. Pero ella, desde que entré no ha dejado de besar mis pies. No has ungido mi cabeza con aceite. Ella en cambio ha ungido mis pies con perfume. Por eso te digo: le son perdonados sus muchos pecados,

---

[3] RILKE, R., *El amor de Magdalena (L'Amour de Madeleine)*, Herder, Barcelona 2007, p. 23.

porque ha amado mucho. Aquel a quien menos se perdona menos ama (Lc 7, 39-48).

Esta mujer, con su amor penitente, nos recuerda a Pedro: «**Apártate de mí, Señor, que soy un hombre pecador**» (Lc 4, 8). ¡Nuevo e insólito método de invitar rechazando! Porque lo que Pedro quiere es estar siempre junto a él. Pero Jesús entiende este lenguaje, que es también el de los gestos de la Magdalena, le llega al alma y se apiada: «**Le son perdonados sus muchos pecados**», dice a Simón, «**porque ha amado mucho**» (Lc 7, 47). María Magdalena ha ganado el corazón de Jesús, sin decir nada, con su amor herido. Como hizo Pedro. Como puedo hacer yo, Señor…, ¿o acaso no es esta mi historia? ¿No necesitaré yo acercarme así, humildemente contrito, al sacramento de la confesión o a la oración, en busca de tu perdón?

No hemos de cansarnos de pedir perdón una y otra vez, porque Dios no se cansa de perdonarnos. No hemos de abandonar la oración por caer siempre en lo mismo. Ese dolor puede hacernos mucho bien. Santa Teresa explicaba: «Otra manera harto ordinaria de oración es una manera de herida, que parece al alma como si una saeta la metiesen por el corazón, por ella misma. Así causa un dolor grande que hace quejar, y tan sabroso, que nunca querría le faltase»[4]. Señor, que no sea soberbio, que me deje amar y perdonar por ti cuantas veces sea preciso, que me dé cuenta que mi vida transcurre casi siempre en el «casi» y no en el «todo» o «nada», que mi amor no es ni blanco ni negro, sino gris.

[4] Santa Teresa de Jesús, *Relaciones*, 5, n.17.

Todos nosotros aspiramos a un amor sin fisuras, pleno, limpio, pero en esta vida el amor es casi siempre amor herido. Todos necesitamos vivir en el perdón. Y otorgar perdón a los demás, y a nosotros mismos. Y si no, prepárate a vivir una vida triste y fría, sin amor. Porque la vida es como el eco: devuelve lo que le das. En el 2011 apareció una entrevista al director de cine Roland Joffré. Contaba cómo le impresionó ver en la CNN una entrevista «a una mujer hutu tomando el té con un hombre al que ella misma presentó como miembro de una tribu tutsi que había asesinado a su familia. El entrevistador, muy sorprendido, le preguntaba: "¿Y por qué toma el té con él?, ¿le ha perdonado?". "Sí —respondía ella—, le he perdonado". Y explicaba a continuación que aquel hombre iba todas las semanas a tomar el té con ella. "Lo hace para vivir en mi perdón", añadía. Al oírle, uno se da cuenta de que esa era el modo que ella tenía de tratar con su pena. Y de que ese era el modo que aquel hombre tenía de tratar con su dolor»[5]. Nosotros necesitamos vivir en el perdón de Dios y en el perdón de los demás. Y los demás necesitan vivir en nuestro perdón. Sin perdón no se puede vivir, porque no hay amor que sobreviva.

Eso exige humildad, dejarse abrir a la gracia de la conversión del corazón. Es la gran lección de esa gran novela de Dostoievski, *Crimen y castigo*. Sonia acompaña por amor al asesino Raskolnikov a la prisión de Siberia. Pese a todo, Raskolnikov, endurecido, se muestra hosco con ella, y no da signos de arrepentimiento. Sonia persevera en sus desvelos por él, pese a que

---

[5] Entrevista aparecida en "Nuestro Tiempo", n. 667 (marzo-abril 2011), Pamplona.

«la pobrecilla temblaba ante él y se despedía con honda aflicción». Pero un día, durante cierta visita al cabo de año y medio: «No supo él cómo sucedió aquello, pero, de súbito, una fuerza misteriosa se apoderó de él y lo puso a los pies de Sonia, donde estuvo llorando y abrazado a sus rodillas (...). El amor los regeneraba: el corazón de cada uno encerraba un inagotable raudal de vida para el corazón del otro (...).

Pero esto es ya el principio de otra historia: la historia de la lenta renovación de un hombre, de su progresiva regeneración, de su paso de un mundo a otro, de su entrada en una existencia para él desconocida. Tal podría ser el tema de otra novela, más la que empezamos, aquí se acaba[6].

Por eso, las heridas de nuestro amor nos pueden hacer mucho bien si damos rienda suelta a nuestro deseo de ser perdonados, nos ponemos de rodillas y abrazamos los pies de quien hemos fallado en amar.

Precisamente porque nuestro amor es casi siempre un amor herido, hemos de perdonar a los demás. Esta es la receta para estar contentos. San Josemaría lo explicaba así en una meditación, el día de Navidad de 1973: «Y ¿qué hemos de hacer para estar contentos? Os daré mi experiencia personal: primero, saber perdonar. Disculpar siempre, porque lo que quita la paz son pequeñeces de la soberbia. No pienses más en eso: perdona; lo que te han hecho, no es una injusticia: déjalo, olvídalo»[7]. Hay que perdonar. Es lo más cristiano que hay. El rencor y el odio son para el corazón como el vinagre para una tostada: un error. Lo que necesita el pan es aceite, y el alma el bálsamo de la caridad y la comprensión.

[6] Dostoievski, F., *Crimen y castigo*, Plaza & Janes, Barcelona, 1961, p. 766.
[7] San Josemaría, *En diálogo con el Señor*, Rialp, Madrid 2019, p. 332.

Señor, que yo sea una persona misericordiosa, que mira a los demás con ternura gratuita, sin pedir contrapartidas, sin que la pobreza moral del otro sea un obstáculo para quererle, al contrario. ¡Que dulces son las reconciliaciones! Ahí encontrarás mucho amor.

Si para recobrar lo recobrado
debí perder primero lo perdido,
si para conseguir lo conseguido
tuve que soportar lo soportado,
si para estar ahora enamorado
fue menester haber estado herido,
tengo por bien sufrido lo sufrido,
tengo por bien llorado lo llorado.
Pues después de todo he comprobado
que no se goza bien de lo gozado,
sino después de haberlo padecido.
Pues después de todo he comprendido
que lo que el árbol tiene de florido
vive de lo que tiene sepultado[8].

Es una idea de matriz cristiana que atraviesa toda la buena literatura occidental. Cuando Alejo Alejandrovich se encuentra a Ana Karenina, su mujer, agonizando tras dar a luz al hijo del conde Wronsky, con un supremo esfuerzo la perdona y le dice a Wronsky: «Una sola cosa pido al Señor: que no me arrebate la alegría de perdonar»[9].

Pues eso mismo te pedimos a Ti, Señor. Y si vemos que nos cuesta, iremos a exponerte nuestro corazón

---

[8] BERNÁRDEZ, F. L., "Soneto", en *Cielo de tierra*, Buenos Aires 1937, citado por FRANCISCO, *Christus vivit*, n. 108.

[9] TOLSTOI, L., *Ana Karenina*, Juventud, Barcelona, 2011, p. 303.

herido, para que lo cures. De la misma manera que se exponen los tejidos dañados a los rayos ultravioletas, o infrarrojos, o incluso a la radioactividad, hemos de ponernos nosotros, con desnudez interior, ante el sagrario en la oración, para pedirte, Jesús, que nos cures el corazón, cuando notemos que los afectos y sentimientos no son los que deberían ser, o no están donde deberían estar. Ponernos delante del sagrario y dejarte actuar a Ti, pues, para nosotros, es casi imposible curar esas heridas que quizás nos hemos causado nosotros mismos. Nosotros, Señor, vamos a ser pacientes y darnos tiempo, confiados en que redescubriremos tu Amor por nosotros.

Se lo pedimos también a nuestra Madre, con esa invocación de la Letanía del Santo Rosario: Refugio de los pecadores, ruega por nosotros.

7. LOS LENGUAJES DEL AMOR

«Si me hablan en chino no lo entiendo»

Hace tiempo recomendé un libro bastante breve y sencillo a una persona, casada y con hijos. Esa persona lo compró y lo leyó durante un viaje en avión. Al aterrizar, me puso un mensaje diciendo que le había encantado, y añadía: «¿Cómo no nos explican esto con dieciocho años? ¿Cómo no me ha hablado nadie nunca de estas cosas antes? ¡Cuántos problemas me habría ahorrado en mi matrimonio, con mi familia y con mis amigos...!». Probablemente estés deseando saber el título del libro: se trata de *Los 5 lenguajes del amor. El secreto del amor que perdura*, de Gary Chapman, publicado por primera vez en 1992, traducido a más de cincuenta idiomas y del que se han vendido millones de ejemplares. Desde el 2009 ha estado en la lista de los libros más vendidos (*bestseller*) del *New York Times*, y se puede considerar ya un clásico sobre el amor.

Dar y recibir amor emocional es el centro de la sensación de bienestar de cada persona. Si percibes amor y, por tanto, te *sientes* amado y necesitado, puedes sobrevivir a las dificultades de la vida con ánimo alegre. En cambio, si no *sentimos* que somos amados —independientemente de que lo seamos o no— y que los demás cuentan con nosotros, la vida puede volverse muy cuesta arriba y sombría.

La tesis del libro *Los 5 lenguajes del amor* es sencilla, pero brillante. El autor, consejero matrimonial, defiende que existen distintos lenguajes emocionales para expresar el amor —o simplemente «lenguajes de amor»— y que todas las personas tenemos un lenguaje primario de amor, en el que expresamos el amor a los demás y, en el que entendemos a los demás cuando intentan mostrarnos amor. Si soy español y me hablan en chino no entenderé nada, y cuando yo hable a un chino, será muy difícil que transmita aquello que quiero expresar. Del mismo modo si me expresan amor en un lenguaje que no entiendo, no percibiré amor; y si yo procuro mostrar mi amor a una persona con mi lenguaje de amor, y no coincide con el suyo, es difícil que note que le amo.

Chapman está convencido de que existen cinco lenguajes básicos de amor, que son:

1. *Palabras de afirmación*: reconocer logros, elogiar, dar ánimos, alentar, etc. Hay personas que se sienten queridas cuando son valoradas y reconocidas: «Qué bien has hecho esto», «me encantas», «eres lo mejor que me ha pasado en la vida: te quiero», «qué contento estoy de haberte conocido», etc.

2. *Tiempo de calidad*: escuchar con atención, conversar sin prisas, pasear, viajar y, en general, hacer cosas juntos, etc. Algunas personas lo que necesitan para sentirse queridas es percibir que el otro quiere estar a su lado, disfruta y busca su compañía. No les basta las palabras de afirmación, por ejemplo. Y por eso pueden llegan a decir: «¿De qué me sirve que me digas que me quieres si luego nunca estás conmigo?», o cosas parecidas.

3. *Regalos*: flores, joyas, libros, poemas, o cualquier otro símbolo visual que exprese el amor. No siempre es necesario que sea algo de gran valor. Hay personas que con un regalo están expresando su amor, y pueden sentirse muy defraudadas y desconcertadas cuando el receptor lo rechaza diciendo, por ejemplo: «Menos regalitos y más pasar tiempo juntos» (respuesta típica de quien tiene como lenguaje primario de amor no el de regalos, sino el de tiempo de calidad).

4. *Actos de servicio*: lavar el coche, hacer la comida, lavar la ropa, hacer una gestión burocrática a la otra persona, ir a recoger o llevarla a la estación, hacer un arreglo en casa, encargos, etc. Puede haber gente ocupada en mil detalles de servicio al otro, incluyendo una dedicación enorme a su trabajo profesional, porque esa es su manera de expresar el amor, que no conseguirá que el otro se sienta querido si su lenguaje de amor es, por ejemplo, el de tiempo de calidad o palabras de afirmación. Y no es raro que reciba, y con razón, un reproche como este: «Sí, todo lo haces por mí, pero nunca me dices que me quieres, ni lo mucho que me valoras», si su lenguaje son palabras de afirmación. O como este otro: «¿Para qué me sirve que te ocupes tanto de mí si no hablamos nunca ni hacemos planes juntos?», si su lenguaje es tiempo de calidad.

5. *Contacto físico*: coger o dar la mano, abrazos, besos, caricias, etc.[10]. Para esas personas los gestos físicos transmiten más amor que las palabras, los regalos

---

[10] En el caso de los esposos, el contacto físico incluye los gestos sexuales específicos de la vida matrimonial.

e incluso los hechos. Y sufren si no encuentran ternura y correspondencia.

Naturalmente, el número de maneras de expresar el amor dentro de cada lenguaje es ilimitado. Y normalmente, aunque tengamos un lenguaje primario, tenemos uno o varios secundarios. Pero Chapman piensa, por ejemplo, que «rara vez un esposo y una esposa tienen el mismo lenguaje primario del amor. Tenemos la tendencia a *hablar* nuestro lenguaje primario del amor, y nos confundimos cuando nuestro cónyuge no entiende lo que le comunicamos. Expresamos nuestro amor, pero el mensaje no llega porque hablamos lo que, para ellos, es un idioma extranjero. Allí radica el problema fundamental» de muchas de las discusiones y desencuentros matrimoniales. Pero «una vez que descubramos los cinco lenguajes básicos del amor y entendamos cuál es nuestro lenguaje primario del amor», así como identifiquemos y aprendamos a hablar el lenguaje primario del amor de nuestro cónyuge, «creo que habrás descubierto la clave de un matrimonio amoroso y duradero»[11].

Pienso que todas estas ideas son útiles para aprender a amar, y se puede aplicar a cualquier tipo de amor, no solo al amor conyugal; por ejemplo, al amor de amistad, al amor entre hermanos o al amor a Dios. Y que, junto a la capacidad de identificar nuestro lenguaje de amor primario y reconocer el de las personas con las que nos relacionamos, lo ideal sería que aprendiéramos a expresar y entender el amor

---

[11] CHAPMAN, G., *Los 5 lenguajes del amor. El secreto del amor que perdura*, Unlit, Medley 2017, p. 16.

en los cinco lenguajes. Porque no basta *saber* que nos quieren, necesitamos *percibir* amor: *sentirnos* queridos. Y no basta con amar a los demás, hemos de ser capaces de hacérselo *sentir*.

Si ponemos nuestros ojos en Ti, Señor, ¿qué descubrimos? Una Persona llena de Amor por los demás, capaz de expresar y percibir ese amor en todos los lenguajes posibles. Veámoslo:

En el Evangelio Jesús aparece permanentemente ocupado en servir a los demás: con su enseñanza, con sus milagros y curaciones, hasta el punto de que no tenía ni tiempo para comer (cfr. Mc 6, 30). Con frecuencia, Señor, te dejas interrumpir y accedes a prestar un favor a quien te lo pide, como ocurrió con Jairo y su petición de ir a curar a su hija (cfr. Mc 5, 24). En la Última Cena lavaste los pies a tus discípulos, haciendo el oficio de siervo; y Juan, muy significativamente, introduce esta acción tuya diciendo: el Señor Jesús, **«habiendo amado a los suyos, los amó hasta el fin»** (Jn 13, 1). En otra ocasión adviertes que **«el Hijo del hombre no ha venido para ser servido, sino para servir»** (Mt 20, 28). Y toda la Pasión es un ejemplo impresionante de servicio al Padre y a tus hermanos, los hombres, necesitados de redención. Es indudable que Jesús «hablaba» el lenguaje de «actos de servicio». ¿Lo sé hablar yo? ¿Cómo soy de servicial?

Pero al mismo tiempo, Señor, tu amor se expresaba en el lenguaje de «tiempo de calidad». Tu misma Encarnación muestra el deseo de Dios de pasar tiempo con nosotros, los hombres, y entrar en un diálogo permanente. Pasaste treinta años con tus padres, en una intensa convivencia familiar, antes de empezar tu vida pública: ¡bendita vida oculta que muestra tan claramente tu Amor a tu Madre y a José! Y ya en la vida pública, buscas momentos de descanso y tiempo de calidad con tus Apóstoles: **«Venid vosotros solos a un lugar apartado, y descansad un poco»** (Mc 6, 30). No es difícil imaginar esas largas conversaciones con ellos durante tus caminatas (cfr. Mc 9, 30-31), o sentados a la sombra de un árbol al atardecer (cfr. Mt 5, 1-2; Mt 13, 10-11). Cuando la hemorroísa te toca camino de la casa de Jairo, te detienes y dialogas con ella tomándote el tiempo preciso (Mc 5, 30-34), algo innecesario para el milagro, pero que seguramente la hizo sentirse no solo curada, sino amada por Ti. Te reúnes con tus amigos en Betania (Lc 10, 38-42; Jn 12, 1-2), pasas tiempo en las casas en que eres invitado, como la del fariseo Simón (cfr. Lc 7, 36), e incluso te invitas Tú mismo a la casa del publicano Zaqueo (cfr. Lc 19, 5). Preparas la Última Cena con tus discípulos con esmero (cfr. Lc 22, 7-13) y, cuando llega el momento, manifiestas lo mucho que valoras esas horas de intimidad con ellos: **«Ardientemente he deseado comer esta Pascua con vosotros»** (*Ibidem*, 15). Y tenemos esa escena conmovedora del Huerto de los Olivos, donde Tú mismo buscas la compañía y el consuelo de tus amigos en medio de tu amargura: **«Mi alma está triste hasta la muerte. Quedaos aquí y velad conmigo»** (Mt 26, 38). Incluso ya resucitado, continuarás buscando la compañía de tus discípulos, dedicándoles el tiempo que necesiten, como a los de Emaús (cfr. Lc 24, 15). Señor, ¿soy capaz de «perder» mi tiempo simplemente estando con aquellos que quiero, pero estando con atención, con alma?

Jesús también expresaba su amor con «palabras de afirmación». ¡Cuántas veces aparece en el Evangelio que se dirige al Padre con una alabanza o acción de gracias por su modo de actuar! Por ejemplo, tras el regreso de los setenta y dos discípulos: **«Yo te alabo, Padre, Señor del cielo y de la tierra, porque has ocultado estas cosas...»** (Lc 10, 21). O antes de resucitar a Lázaro: **«Padre, te doy gracias porque me has escuchado»** (Jn 11, 41). A su querido Pedro le dice: **«Bienaventurado eres, Simón, hijo de Juan... yo te digo que tú eres Pedro, y sobre esta piedra edificaré mi Iglesia»** (Mt 16, 17-18). Seguro que estas palabras hicieron sentirse muy querido a Simón Pedro. Como lo hicieron aquellas otras a Natanael, que le conquistaron inmediatamente: **«He aquí un verdadero israelita en quien no hay doblez ni engaño»** (Jn 1, 47). Otras veces Jesús alaba algún rasgo bueno de una persona, como aquella madre cananea que insiste en la curación de su hija, y le escucha decir antes de hacer el milagro: **«Mujer, ¡qué grande es tu fe!»** (Mt 15, 28). Pero no solo eso, Señor, da la impresión que Tú buscas esas mismas palabras de afirmación en tus amigos: por ejemplo, en Cesarea de Filipo, cuando les preguntas: **«¿Y vosotros, quién decís que soy yo?»** (Mt 16, 15). Pienso que también te agradará que nuestra oración discurra con amor expresado en palabras de afirmación. Por ejemplo: «Señor, te quiero, eres lo mejor que me ha pasado en la vida, sin Ti mi vida no tendría sentido, ¡qué bien haces las cosas!, ¡eres el mejor!, me fío de Ti...». Jesús se deja robar el corazón por palabras tan sencillas como del buen ladrón: **«Este ningún mal ha hecho»** (Jn 23, 41-42)... ¿Por qué no hacerlo yo? ¿No podría yo, no adular, sino afirmar con mis palabras lo bueno en los demás?

Nadie ha hecho regalos como los ha hecho Jesús. Nos «regaló» —si se puede hablar así—, a su Madre, la Virgen Santísima (Jn 19, 27). Nos regaló su mismo

Cuerpo y Sangre en la Eucaristía. Pero, sobre todo, nos regaló su propia Vida como manifestación de su Amor. Porque, como Él mismo dijo: **«Nadie tiene amor más grande que el que da la vida por sus amigos»** (Jn 15, 13). El Señor es muy sensible al lenguaje de los «regalos». Cuando ve aquella pobre viuda que entrega todo lo que le queda para vivir, llamando a sus discípulos, les dijo: **«En verdad os digo que esta viuda pobre ha echado más que todos»** (Mc 12, 43). Su ofrenda le conmueve, a pesar de ser una pequeña cantidad, por el amor generoso que la respaldaba. ¡Y cómo agradeció la esplendidez de María de Betania, que gastó en ungir su cabeza **«una libra de perfume de nardo puro, muy caro»** (Jn 12, 3), rompiendo el frasco que lo contenía (cfr. Mc 14, 3)! Frente a los reproches de Judas y otros de los presentes, Jesús sale en su defensa con decisión: **«Dejadla, ¿por qué la molestáis? Ha hecho una buena obra conmigo»** (Mc 14, 6). Señor, ¿qué te he regalado yo hasta ahora? ¿Qué podría regalarte para mostrarte lo mucho que te quiero?

Por último, Señor, Tú también expresabas tu Amor con el contacto físico. Solo podemos imaginar tus abrazos y besos a tu Madre, pero hay muchas escenas en los Evangelios que nos muestran el valor que dabas al sentido del tacto como manifestación de tu Amor por los hombres. Cuando aquel leproso te rogó de rodillas que le curaras: **«Si quieres puedes limpiarme»** (Mc 1, 40), no te limitaste a hacerlo, sino que antes le confortaste con tu caricia: **«compadecido, extendió la mano, le tocó y le dijo…»** (*Ibidem*, 41), apunta Marcos. Este mismo evangelista, siempre tan observador, nos dice que, para curar a un sordomudo, Jesús **«le metió los dedos en las orejas y le tocó con saliva la lengua»** (Mc 7, 33); y cuando narra la resurrección de la hija de Jairo, la descripción comienza así: «**Y tomando la mano de la niña, le dice...**» (Mc 5, 41). Jesús no era una persona fría y distante en absoluto. Y agradecía los gestos de cariño expresados con contacto físico: hemos visto que le agradó la unción de María de Betania, y lo mismo aquella de otra mujer, pecadora, que durante un banquete «**se acercó por detrás y comenzó a bañarle los pies con sus lágrimas, los besaba y los ungía con el perfume**» (Lc 7, 38). Cuando Simón, el anfitrión, comienza a pensar mal en su interior, Jesús le muestra el gran amor que había percibido en esta mujer hacia Él con sus gestos, mientras que había echado en falta en Simón esos mismos detalles de contacto físico —un reproche que también se refiere a actos de servicio, dicho sea de paso—: «**No me diste agua para los pies... No me diste el beso... No has ungido mi cabeza con aceite...**» (*Ibidem*, 45). Señor, ¿con qué ternura te trato yo a Ti, por ejemplo, en la Eucaristía? ¿Con qué amor beso las llagas del crucifijo con la ilusión de que esos besos te lleguen a Ti? ¡Tú, que invitaste a Tomás a meter su dedo en tus llagas y su mano en tu costado...!

Hay muchos otros personajes en el Evangelio que tocaron el corazón del Señor, y cada uno expresaba su amor a su manera: María Magdalena se abraza a Cristo Resucitado, hasta el punto de que Jesús tiene que decirle: «**Suéltame, que aún no he subido a mi Padre...**» (Jn 20, 17); y el discípulo amado «**estaba recostado en el pecho de Jesús**» (Jn 13, 23) durante la Última Cena («contacto físico»). María de Betania, «**sentada a los pies del Señor, escuchaba su palabra**» (Jn 10, 39) («tiempo de calidad»); mientras que su hermana Marta «**andaba afanada con numerosos quehaceres**» (*Ibidem*, 50) («actos de servicio»); y, aunque Marta mereciera una pequeña corrección del Señor en aquella ocasión, el Evangelio nos dirá más adelante que **«Jesús amaba a Marta, a su hermana y a Lázaro»** (Jn 11, 5), por ese orden, y cada una con su modo de ser. De aquel joven que comenzó su pregunta con un: «Maestro bueno...» (Mc 10, 17) («palabras de afirmación»), se nos dice que Jesús **«fijó en él su mirada y quedó prendado de él»** (*Ibidem*, 21). Y ya en el mismo comienzo de su vida terrena, los magos venidos de Oriente **«le ofrecieron presentes oro, incienso y mirra»** (Mt 2, 11) («regalos»).

En fin, hay muchas maneras de mostrar el amor. Todas pueden ser buenas. San Josemaría observaba: «Yo no cuento con un corazón para amar a Dios, y con otro para amar a las personas de la tierra. Con el mismo corazón con el que he querido a mis padres y quiero a mis amigos, con ese mismo corazón amo yo a Cristo, y al Padre, y al Espíritu Santo y a santa María. No me cansaré de repetirlo: tenemos que ser muy humanos; porque, de otro modo, tampoco podremos ser divinos»[12]. Ojalá que, con la ayuda de María, Madre del Amor Hermoso, aprendamos a expresar nuestro amor con la mayor riqueza posible, como una sinfonía compuesta de estas cinco notas. Pero, al menos, que nuestra Madre nos ayude a pensar siempre primero en los demás, y a tratar de expresarlo del modo que el otro necesite, en su lenguaje primario de amor, aunque nos suponga un pequeño o gran esfuerzo aprenderlo, cuando no coincida con el nuestro.

---

[12] San Josemaría, *Es cristo que pasa*, n. 166.

ESTE LIBRO, PUBLICADO POR
EDICIONES RIALP, S. A.,
MANUEL URIBE 13-15, 28033 MADRID,
SE TERMINÓ DE IMPRIMIR EN
ANZOS, S. L. FUENLABRADA (MADRID),
EL DÍA 29 DE ABRIL DE 2024.